이 책을 통해 깨달음을 얻고
생각을 실행하시길 바랍니다.

강호동 Dream

**이렇게만 하면
장사는
저절로 됩니다**

이렇게만 하면 장사는 저절로 됩니다

초판 1쇄 발행 2022년 5월 18일
초판 7쇄 발행 2023년 9월 21일

지은이 강호동
펴낸이 이승현

출판1 본부장 한수미
와이즈 팀장 장보라
편집 선세영
원고진행 정유민
디자인 윤정아

펴낸곳 ㈜위즈덤하우스 **출판등록** 2000년 5월 23일 제13-1071호
주소 서울특별시 마포구 양화로 19 합정오피스빌딩 17층
전화 02) 2179-5600 **홈페이지** www.wisdomhouse.co.kr

ⓒ 강호동, 2022

ISBN 979-11-6812-317-5 03320

이렇게만 하면 장사는 저절로 됩니다

강호동 지음

평범한 골목을 핫플레이스로 만드는
라라브레드 이야기

위즈덤하우스

"마케팅은 사게 하는 것이고
브랜딩은 사랑받는 것이다."

모두가 나만의 슈퍼맨이 되기를

10년 전, 자수성가한 사업가로 주목을 받아 방송에 출연한 적이
있다. 방송이 나가고 며칠 뒤, 갑자기 방송국에서 연락이 왔다. 할
머니 한 분이 나와 꼭 통화를 하고 싶다는 것이었다. 누군지도 모르
고 통화를 하고 싶은 이유도 몰랐지만 일단 흔쾌히 통화에 응했다.

"나는 니가 죽은 줄 알았다. 어찌케 이라고 잘 컸냐. 잘 살아줘서
고맙다. 진짜 고맙다."

할머니는 어릴 때 살던 월세방 근처 연탄가게 주인이었다. 할머
니는 어릴 때 내가 얼마나 가난했는지, 혈우병 때문에 얼마나 고
생했는지, 가정폭력에 얼마나 시달리며 살았는지 잘 알고 있던 분
이었다. 그 작고 병약하던 어린아이가, 그래서 오래 살지도 못할
것이라 생각했던 그 아이가 성공한 사업가가 되어 텔레비전에 등
장하자 너무 기쁘고 감격스러워서 눈물을 쏟았다고 한다.

"할머니, 저도 제가 이렇게 잘 성장할 수 있을지 몰랐어요. 감사
합니다. 저도 너무 감사합니다."

우리는 전화기를 붙들고 한참 울었다.

어려운 환경을 극복하고 자수성가한 사람들의 이야기는 때로

너무 흔한 일처럼 느껴지기도 한다. 또 한편으로는 개천에서 용이 나기 어려워진 요즘 현실을 생각하면 스스로의 힘으로 가난을 극복한 이야기가 비현실적으로 느껴지기도 한다. 나는 사실 가진 것도 없고 아무런 꿈도 없는 사람이었다. 한 번 피가 나면 멈추지 않는 희귀한 불치병인 혈우병을 갖고 태어나, 병원비 잡아먹는 귀신으로 살았다. 어린 시절 내내 기초생활수급자였고, 가정은 불우했고, 학교에서는 왕따를 당하며 학업도 제대로 마치지 못해 중학교밖에 나오지 못했다. 그러니 내 삶을 스스로 일으켜 꿈을 이룰 수 있으리라고는 상상조차 해보지 못했다. 그럼에도 할머니 말처럼 '죽지 않고 살아서' 이렇게 100억대의 자산가가 되었다는 게 가끔은 정말 비현실적으로 느껴질 때가 있다.

어른이 되고 일을 하고 사업을 하면서 나처럼 이런 상황에 놓인 사람들이 정말 많다는 걸 알게 됐다. 벗어날 수 없을 것 같은 가난에 고통받고, 실패만을 반복하다가 다시 일어서려고 해도 또다시 실패하고, 평생 열심히 일해서 모은 자산으로 인생을 걸고 성공하고자 하는 수많은 호동이들…. 그들이 내 삶에 들어왔다. 나는 그들에게 손을 내밀었다. 나도 했으니 당신도 해낼 수 있다고, 그러니 주저앉지 말고 일어나서 같이 달리자고.

나 역시 처음에는 구체적인 계획도 없이 꿈과 의욕만 가지고 상경해 온갖 시행착오를 겪었다. 인생에서 많은 기회비용을 치렀지만 열심히 일하고, 내 가게를 창업하고, 실패하고, 다시 도전했다.

그렇게 '타르타르'라는 타르트 전문점을 오픈해 세 달 만에 투자금을 모두 회수하고 전국 40개 지점을 오픈하며 프랜차이즈 브랜드로 성장시켰다. 타르타르의 성공 이후에도 안주하지 않고 '라라브레드'라는 브런치&베이커리 카페를 창업해 전체 회사 매출 100여억 원을 기록하는 또 다른 성공을 일구어냈다. 이제는 외식업 매출에다 부동산 자산까지 더해져 보다 안정적으로 사업을 운영하고 있다. 조물주 위의 건물주 때문에 피눈물을 흘리는 현실을 바꿀 수 있는 방법을 터득했기 때문이다.

이러한 성취는 수많은 경험과 실패를 반복하면서도 책을 통해 얻은 지혜와 통찰을 잊지 않았기에 이룰 수 있었다. 내 삶의 터닝 포인트는 한 권의 책에서 시작되었다. 교과서 한 번 제대로 읽어본 적이 없었지만 우연히 읽게 된 헬렌 켈러의 전기가 이후의 인생을 완전히 뒤바꿔버렸다. 나는 책에서 다른 사람의 인생을 만났고 그 인생에서 희망을 읽었다. 책에는 내가 알던 것보다 훨씬 더 넓은 세계가 있었다. 사업을 하면서 경험을 통해 노하우를 쌓기도 했지만 그 노하우의 출발은 책이었다. 책에서 만난 수많은 현자는 내가 부족한 부분을 채워줬고 몰랐던 부분을 알려줬다. 깨닫지 못한 것들을 깨닫게 해줬고 길을 잃었을 때 길을 찾아줬다. 부자가 되는 길은 학교에 있지 않았다. 학교보다 더 넓은 세계를 알려준 책 덕분에 나는 사업을 키우고 성장시키며 내가 간절히 소망하던 꿈들을 이룰 수 있었다.

유튜브 '창업오빠 강호동' 채널을 통해 수많은 예비 창업가를 만났다. 직접 멘토링과 컨설팅을 하며 내가 겪은 성공 경험을 하나라도 더 물려주고 싶었다. 알고 보면 정말 쉬운 일인데 몰라서 못했던 것들, 알면서도 실행하지 못하는 무기력한 마음들, 자신의 잠재력을 아직 깨닫지 못해 숨어 있던 시간들을 다 끌어올리고 싶었다. 어려움을 겪는 자영업자들과 창업을 꿈꾸는 예비 창업가들에게 나는 늘 이렇게 말했다.

"이 모든 과정이 결코 쉽지만은 않지만 절대 불가능한 건 아니라고, 훨씬 부족한 나도 해냈으니 당신도 충분히 할 수 있다고, 우리 함께 해나가자"라고…. 어려움을 겪을 때 어디선가 나타나 나를 위기에서 구해주는 슈퍼맨. 내가 나의 슈퍼맨이 되는 반전의 순간을 모두가 경험하기를 바라며 이 책을 썼다. 책은 활자를 읽는 게 아니라 저자의 생각을 읽는 것이다. 이 책을 통해 당신과 교감하며 인생의 든든한 내비게이션이 되어주고 싶다. 단 한 사람이라도 이 책으로 희망을 발견할 수 있다면, 용기를 낼 수 있다면, 그리하여 넉넉한 삶을 살 수 있다면 더 바랄 것이 없다. 나는 가지지 못한 자들이, 꿈과 희망이 있는 사람들이 잘 살았으면 좋겠다. 정말 꼭 그랬으면 좋겠다.

2022년 5월
라라브레드 잠실점에서 호동이가

2부 라라브레드에서 찾은 동네 창업 성공의 법칙

1부

몸으로 부딪히며
장사를 배우다

1

첫 창업을 하기까지

짙은 안개가 걷히다

"저…. 여기서 잠깐 책 좀 봐도 될까요?"

할아버지는 나를 힐끔 보더니 말없이 고개를 돌렸다. 책을 봐도 되다는 말인가, 아닌가. 할아버지의 의중을 알 수 없어 나는 다시 한번 책을 봐도 되는지 물었다.

"어, 그래라."

그때 그 헌책방에서 책방 주인 할아버지가 나를 매몰차게 대했다면 어땠을까. 무신경하게 '그러든지 말든지'라는 눈빛으로 나를 쓰윽 쳐다보지 않았다면, "안 살 거면 가라"라고 했다면, 내 인생이 어떻게 풀렸을까. 인적이 드문 광주의 한 작은 책방. 수업을 빼먹고 홀린 듯이 들어갔던 그곳에서 내 삶은 완전히 뒤집혔다.

고등학교 2학년, 그 시절의 나는 완벽한 무기력에 빠져 있었다. 어릴 때부터 혈우병이라는 난치병을 앓았기 때문에 학교에 억지로 갈 필요도 없었다. 나는 몸이 약하니까, 아프니까, 피가 흐르면 멈추지 않아서 과다출혈로 언제든 죽을 수 있으니까. 학교보다 우선은 병원이었다. 희귀 난치병이라서 치료를 하려면 대학병원까지 가야 했기 때문에 수업 일수를 제대로 채우지 못했다. 아침 진료라도 잡히면 11시나 되어서야 교실로 들어가기 일쑤였고 그마저도 몸이 안 좋아 결석하는 날이 잦았다.

해마다 새 학년이 시작되면 선생님들은 '보호'라는 명목으로 나를 아이들과 분리했다. 그 시절의 교실 풍경이란 그랬다. "생활보호대상자 손 들어." "장애자 손 들어." "엄마, 아빠 없는 사람 손 들어." "병 있는 사람 손 들어." 모두가 지켜보는 공개된 공간에서 드러내고 싶지 않은 약점 같은 것들을 제 손으로 밝혀야 했다.

"뭐, 혈우병? 피가 안 멈춰? 야, 너희들 앞으로 호동이 근처에 가지 마라."

애들과 어울리다가 다치기라도 해서 피가 나면 곤란하니까 애초에 나랑 놀지 말라는 뜻이었다. 그것은 마치 몸이 약한 나를 보호하는 것처럼 보였지만 사실은 선생님 자신을 보호하기 위한 조치였다. 문제를 일으키고 싶지 않은 공무원의 보신 같은 것.

선생님의 분리 조치가 아니라도 나는 이미 분리와 방치에 충분히 익숙해져 있었다. 아빠는 알코올중독자에 가정폭력을 일삼는 무능력자였고, 엄마는 하루 종일 일을 했다. 엄마가 식당에서 김밥을 말고 술집에서 열여섯 시간씩 일해도 월수입은 130~150만 원 정도에 불과했다. 나에게 들어가는 병원비는 한 달에 200만 원 가까이 됐다. 아무리 죽어라 일을 해도 한 달에 5만 원짜리 사글셋방을 벗어날 수도, 지독한 가난을 헤쳐 나올 수도 없었다. 쌀이 없어서 친척집과 이웃집을 전전하며 쌀 좀 달라고 애걸했고, 처음에는 도움을 주던 이웃들도 점차 대문을 열어주지 않았다. 그 시절을 생각하면 아직도 철문이 쾅 닫히는 소리가 귀에서 아른거린다.

"뭣헌디 태어나가꼬 그라냐. 진즉에 디저불제, 죽어불제."

사는 게 너무 힘들었던 엄마는 나를 붙잡고 울었다. 나만 아니었다면 밑 빠진 독에 물 붓는 것 같은 이 생활을 그만할 수 있었을 텐데. 아무리 일을 해도 나아지지 않는 살림살이에 좌절하지 않았을 텐데. 엄마가 왜 그렇게 마음에 없는 독한 소리를 했는지, 어린 마음에도 어렴풋이 이해할 수 있었다. 아, 나는 존재 자체가 죄구나. 태어나지 말았어야 했을까? 하지만 그걸 안다 한들 내가 할 수 있는 건 없었다. 나는 그저 힘없고 나약하고 어린 난치병 환자였으니까.

그럼에도 엄마는 이를 악물고 살았다. 때론 하나뿐인 자식을 원망하고 모든 걸 다 포기하고 싶기도 했지만, 그럼에도 살아야 했다. 어떻게든 가족을 건사할 사람은 엄마뿐이었다. 죽을힘을 다해 일을 해도 살림이 나아지지 않자 엄마는 새 배우자를 선택했다. 엄마의 첫 남편이자 나의 생물학적 아빠가 암으로 돌아가신 뒤, 어느 날 엄마는 나를 불러 앉혔다.

"호동아, 니는 인자 안 힘들 거여. 여행도 다니고 맛있는 것도 먹고 형제들이랑 외롭지 않게 살 거다."

두 번째 아빠가 생겼다는 말이었다. 새 아빠의 이전 결혼에서 태어난 형제들까지 함께 살게 되었으니 이제 더는 외롭지 않을 거라고 했다. 그렇게 엄마 말대로 안정적이고 행복한 가족이 되어 '이후로도 오래오래 행복하게 살았습니다'로 끝났다면 얼마나 좋았을까. 혼자서는 도저히 감당이 안 되어 재혼이라는 대안을 선택한 것까지는 좋았는데, 어째 사람 보는 눈이 안 좋았던 것일까. 형제들은 내가 혈우병을 앓는다는 걸 알면서도 매일같이 나를 두들겨 팼고, 새 아빠도 술을 무척 좋아하시더니 금세 돌아가셨다. 결국 엄마는 세 번째 남편까지 만났지만 그 역시 알코올중독으로 이른 나이에 세상을 떠났다. 경제적으로도 정서적으로도 안정을 주지 못하고 상처만 남기고 떠난 세 아빠들과 함께 나는 더더욱 무기력해졌다. 아빠가 생겨도, 시간이 흘러도, 엄마가 아무리 열심히 일해도 내 인생은 달라지지 않는구나. 나는 그저 돈 잡아먹는 귀신, 가난의 원흉일 뿐이구나. 어린 시절부터 차곡차곡 쌓여온 무기력과 절망감은 고등학생이 될 때까지 이어졌다.

평소처럼 오전 수업이 끝나갈 무렵 학교에 도착한 나는 어쩐지 교실로 들어가고 싶지가 않았다. 운동장 벤치에 걸터앉아 멍하니 먼 산을 바라봤다.

'호동아, 너 여기서 뭐 하냐.'

말을 걸어주는 사람이 없었으므로 질문은 늘 내가 했다. 호동아, 너 여기서 뭐 하냐. 엄마가 학교 가라니까. 학교 가면 뭐 하는데? 엄마가 졸업하라니까 학교 왔지. 졸업하면 뭐 하는데? 엄마가 대학은 가야 한다니까 대학 가야지. 대학은 무슨 돈으로 갈라고? 엄마가 빚내서라도 대학은 보낸대. 너 지금 반에서 꼴등인데 대학은 어떻게 가? 잘해야 전문대 정도 갈 텐데, 그러면 네 인생이 바뀔까? 졸업하고 월급 100만 원, 200만 원 받고 살면 이 지독한 가난에서 벗어날 수 있을까?

학교 갈 나이가 됐으니 학교에 갔고 치료가 필요하니 병원에 다녔고 학교에서는 사고 치지 말고 가만히 있으라고 해서 가만히 있었고 대학 가야 하니까 고등학교에 갔고 어찌어찌 대학에 가면 취직을 하고 결혼을 하고 자식을 낳고…. 그런 인생이 펼쳐지겠거니 했다. 그렇게 인생이 흘러가면 나는 행복할까? 5만 원짜리 단칸방에서 벗어날 수 있을까? 늘 그랬던 것처럼 오늘도 내일도 교실에 있는 저 아이들의 영원한 들러리가 되는 것은 아닐까?

한 번도 해보지 못한 질문이었다. 나는 그저 태어났으니 살았을 뿐이었다. 내 삶에 대해 한 번도 진지하게 고민해본 적이 없었다. 갑자기 뒤통수를 세게 얻어맞은 느낌이 들었다. 나는 왜 그동안 내 삶에 대해 고민해보지 않았을까. 내게 주어진 대로 순응하며 사는 것 말고도 다른 길이 있을지 모른다는 생각을 왜 한 번도 해보지 않았을까. 이렇게 살지 않는다면 어떻게 살아야 하는 걸까.

난데없이 낯선 세계에 던져진 것처럼 두려움이 엄습했다.

수업 시작종이 울렸다. 나는 교실로 돌아가지 않고 교문을 나섰다. 답을 찾아야 한다. 아무런 희망도 기대도 없는 이 삶을 바꾸기 위해서는 길을 찾아야 한다. 그렇게 정신없이 거리를 배회하다가 발걸음을 멈춘 곳은, 허름한 헌책방 앞이었다.

당신도 했는데, 나라고 못할까

고등학교 2학년이 되도록 책을 제대로 읽어본 적이 없었다. 남들은 어릴 때 그림책이나 동화책이라도 읽는다던데, 나는 물체주머니 살 돈을 주정뱅이 아빠의 술값으로 뺏기고 막걸리 심부름이나 하던 아이였다. 출석 일수의 3분의 1은 병원에 다니느라 날려버렸으니 수업을 제대로 따라가지 못해 하릴없이 책상에 엎드려 있기나 할 뿐이었다. 눈은 선생님을 보고 있어도 머리로는 딴생각을 하고, 책을 본들 글자들은 그저 제멋대로 꼬부랑거리는 그림처럼 보였다. 교과서를 제대로 읽어본 적도 없었다. 읽어봤자 무슨 내용인지 이해할 수도 없었고, 무엇보다 교과서를 읽어야 할 동기가 없었다. 이미 뒤처진 처지에서 수업 진도를 따라가려면 혼자 힘으로는 불가능했다. 누군가의 학습 도움은커녕 당장 먹고살 쌀조차 없는 형편이니 공부는 내 것이 아니라고 생각했다. 엄마 뜻대로 그저 무사히 학교나 졸업하면 다행이었다.

그런 내가 왜 책방 앞에서 발걸음을 멈췄는지 모르겠다. 읽어본 적은 없지만 그래도 책에는 진리가 있을지 모른다는 막연한 기대와 동경 때문이었을까. 어떻게 살아야 할지 답을 찾아야겠다고 생각한 순간, 내 몸은 어느새 그 답을 찾기 위해 움직였다.

처음 와본 책방은 생각했던 것보다 아늑하면서도 압도당하는 느낌이었다. 사방이 책으로 둘러싸인 공간에 와 있다니…. 내 인생에 이런 순간이 올 줄이야. 무슨 책을 읽어야 할지, 어떤 책에 내가 찾던 답이 있을지 전혀 알 수 없었다. 갑작스레 너무 많은 책의 기운에 짓눌리는 것 같아 잠시 주춤했다. 그러다 처음 꺼내든 책은 헬렌 켈러 전기였다. 부끄럽게도 나는 헬렌 켈러가 누군지도 몰랐다. 어릴 때 누구나 읽는다는 그 흔한 위인전조차 읽어본 적이 없었으니 그럴 만도 했다(위인전이라는 게 존재하는지도 몰랐다!).

다들 알다시피 헬렌 켈러는 어릴 때 앓은 병 때문에 시력과 청력을 모두 잃은 중복 장애인이다. 말과 글을 깨치기도 전에 시력과 청력을 모두 잃은 터라 그녀는 듣지도, 보지도, 말할 수도 없는 중증 장애를 안고 살아가야 했다. 무언가를 성취하기는커녕 제대로 된 삶을 살아내기에도 벅차 보이는 조건이다. 그럼에도 그녀는 설리번이라는 선생님을 만나 말과 글을 익히고 위대한 교육자이자 사회사업가로 성장했다.

세상에, 이게 소설이 아니라 실화란 말인가. 그녀가 살던 시대와 공간에는 뭔가 특별한 것이 있었나 싶어 책을 다시 펼쳐봤다.

헬렌 켈러는 1880년 미국에서 태어났다. 듣지도, 보지도, 말하지도 못하는 중증 장애를 가졌다면 지금 이 시대를 살아가는 일도 어려울 텐데, 그녀는 무려 19세기 말 사람이다.

나는 엄청난 충격에 빠졌다. 태어날 때부터 타고난 약점은 결코 바꿀 수 없다고 믿었다. 내 가난과 병은 타고난 것이므로 운명은 바뀔 수 없다고 생각했다. 모든 것을 원망했었다. 결코 원한 적 없었던 내 환경을 탓하고, 부모를 원망하고, 세상을 미워했다. 그것 말고는 할 수 있는 게 없었다. 하지만 그녀는 나보다 더한 악조건 속에서도 살아남았다. 아니, 살아남는 것에 그치지 않고 전 세계의 수많은 사람에게 영감을 주고 도움을 주며 더 나은 세상을 만드는 데 인생을 다 바쳤다. 세상에는 이런 사람도 있었다. 그렇게 책은 내게 새로운 세계를 열어주었다.

가난과 병에 굴복해 무기력에 빠져 기계처럼 학교와 집을 오가던 내게 새로운 세상이 열렸다. 당장의 세상은 달라진 것이 없었고 내 인생도 여전히 그대로였지만 나는 완전히 다른 세계에 내던져졌다. 내가 모르는 세계가 있다. 책이 그것을 말해주었다.

그날부터 줄기차게 책방을 드나들었다. 세상에는 헬렌 켈러 같은 사람이 넘쳐났다. 도저히 희망이 보이지 않는 환경 속에서도 자신만의 길을 만들어나간 사람들의 이야기가 책 속에 가득했다. 다른 친구들은 다 이런 걸 읽으면서 자란 거구나. 내가 너무 늦게 그 세계를 만난 것은 아닐까 불안하기도 했지만, 한편으로는 아직은 늦지 않았다는 생각이 들었다. 지금이라도 이토록 다양한 삶을 만날 수 있어서 다행이다. 며칠은 굶은 사람처럼 책이 고팠다. 닥치는 대로 책을 읽었다. 책에 세상이 있고 나를 살려줄 메시지가 있으리라는 절실함으로.

초등학교 2학년 때 코피가 멈추질 않아 급하게 응급실을 찾은 날이 있었다. 한번 피가 쏟아지기 시작하면 자연적인 지혈이 불가능했기 때문에 큰 병원에 있는 응급실로 가야만 했다. 너무 긴박한 상황이라서 엄마는 나를 업고 택시를 잡아탔다. 그런데 엄마에게는 택시비가 없었다.

"기사님, 제가 지금 너무 급해서 그런데 연락처 주시면 나중에 꼭 돈 갖다드릴게요. 진짜로 꼭 드릴게요."

택시기사는 즉시 차를 멈추고 간곡하게 사정하는 엄마를 끌어냈다. 그러고는 무자비하게 때리기 시작했다. 입에 담지도 못할 상스러운 욕을 내뱉으며 군홧발로 피가 날 때까지 엄마를 밟았다. 그 장면이 너무 두렵고 충격적이어서 택시기사를 말릴 생각도 하지 못한 채 나는 그대로 얼어붙어버렸다. 돈이 없다는 게 그토록 잔혹하게 폭행당할 일인가. 정말 그런가.

그 작고 병약한 어린이는, 돈이 없으면 어떤 취급을 당하는지 생생하게 목격했다. 돈도 없으면서 택시를 탄 것은 엄청난 죄였다. 학교에서는 남의 것을 도둑질하고 친구랑 싸우는 게 나쁜 거라고 했는데, 그 상황을 보면 세상에서 가장 나쁜 게 가난 그 자체 같았다. 죄인이 되고 싶지 않았다. 가난하고 싶지 않았다. 다시는 엄마에게 이런 모욕과 수치를 안겨주고 싶지 않았다. 하지만 어떻게 해야 가난을 끊고 대물림하지 않을 수 있을지 그때는 알 수가 없었다.

"태어나서 가난한 건 당신의 잘못이 아니지만 죽을 때도 가난한 건 당신의 잘못이다."

책의 어느 한 구절에서 눈이 멈췄다. 마이크로소프트 창립자 빌 게이츠의 말이었다. 유복한 가정에서 자란 그가 한순간이라도 가난해본 적이 있었는지는 잘 모르겠지만, 타고난 환경이나 조건에 얽매이지 말고 자신의 운명을 개척하라는 강렬한 응원으로 들렸다. 또한 그 말은 내 삶을 일으키지 않는 것은 결국 내 책임이라는 뼈아픈 질책이기도 했다. 세상을 탓하고 가난을 원망하던 시절을 떠올렸다. 아무것도 바꾸지 못하고 그저 절망 속으로 스스로를 끌어내리기만 했던 시간들. 거기서 벗어나 시간을 보다 생산적으로 보내지 않으면 이 가난은 영원히 '내 잘못'이 될 것이다.

지금껏 살아오면서 내게 삶을 어떻게 살라고 말해준 사람은 없었다. 조건에 굴복하며 주어지는 대로 사는 것 외에 다른 길이 있다고 알려준 사람은 없었다. 그런데 책은 자꾸만 내게 말을 걸었다. 칠흑 같은 어둠 속에 웅크리고 있던 나를 끌어냈다. 넌 지금 터널 안에 있어. 한 발짝만 내딛으면 이 터널을 나갈 수 있는 빛이 있어. 그 빛을 따라 걸어가. 지금부터 조금씩 걸어나가다 보면 언젠가 완전한 빛으로 둘러싸인 세상을 마주할 수 있어.

나도 모르게 눈물이 흘렀다. 누군지도 모를 수많은 현자의 목소리에 귀를 기울였다. 호동아, 보지도 듣지도 말하지도 못하는 사람도 해냈잖아. 너는 사지가 멀쩡하고 볼 수도 있고 들을 수도 있고 말할 수도 있잖아. 그런데도 이렇게 아무것도 하지 않고 가난만 탓하면서 허송세월하고 있다니, 부끄럽지 않아? 내면의 목소리가 채찍이 되어 거칠게 현실을 일깨웠다. 태어나서 처음으로 내 삶에 대해, 무언가를 바꾼다는 것에 대해 고민을 시작했다. 학교에서 배운 것이 죽은 지식이라면 책은 내게 살아 숨쉬는 지혜와 진리를 일깨워주었다. 책과 말하고 책에서 배우고 책을 통해 실천하자. 내가 가진 것은 인생을 앞서 경험한 그들의 조언과 통찰뿐이었다.

세상이 그렇게 쉬울 리가 없지

창밖으로 63빌딩이 보였다. 아, 여기가 서울이구나.

서울역에 왔다고 생각하고 기차에서 내렸는데 주변을 둘러보니 그곳은 영등포역이었다. 서울에는 서울역만 있는 게 아니구나. 어쨌거나 영등포도 서울은 서울이니 목적지에 도달한 셈이다. 고(故) 정주영 회장이 집에서 키우던 소 한 마리를 훔쳐다 판 뒤 서울로 올라온 것처럼 나도 부푼 기대를 안고 서울에 입성했다. 다른 점이 있다면 정주영 회장에게는 소 한 마리가 있었고 나에게는 5만 원이 있었다. 수중에 달랑 기차표 살 돈만 가지고 무작정 서울로 올라와버린 것이다.

홀로 집에 계실 엄마 생각이 났다. 학교를 중퇴하고 서울에 가서 돈을 벌겠다는 나를 극구 말리던 엄마. 그런 엄마에게 "나는 엄마처럼 찌질하고 가난하게 살고 싶지 않아"라고 선언했다. 어떻게든 삶을 바꿔보고 싶었기에 엄마에게 모진 말도 해보고 사정도 하고 설득도 해보다가 겨우 기차표 살 돈만 가지고 서울행을 결정했다.

"엄마, 나 한번 믿어봐. 내가 서울 가서 돈 많이 벌어 호강시켜 줄게!"

학교를 졸업한다고 해서 앞으로 좋은 날들이 다가올 것 같지가 않았다. 공부에 재능이 있고 열심히 노력했던 사람이라면 학교와 공부가 더 나은 미래를 향한 투자가 될 수 있겠지만 그게 내 길은 아닌 것 같았다. 그렇다면 지금 바로 내가 거머쥘 수 있는 기회를 향해 움직여야 하지 않을까. 그 기회가 무엇인지 아직은 모르겠지만 무엇이든 행동하지 않으면 그대로 어영부영 졸업장을 받고 안주해버릴 것 같았다. 어디든 가자. 무엇이든 하자. 일단은 서울로 가자.

그런데, 서울에서 이제 어디로 가지? 일단 오긴 했지만 어디로 가야 할지 뭐부터 해야 할지 몰랐다. 인생의 중요한 결정을 내리고 실행에 옮기면 뭔가 길이 열릴 줄 알았건만 아무런 계획이 없는 자에게 그런 행운이 주어질 리가 없었다. 게다가 당시 나는 미성년자여서 일자리를 구하기도 쉽지 않았다. 머물 곳이 없어서 몇 날 며칠을 영등포역에서 가방을 베개 삼아 잠들었다. 해가 뜨면 일할 곳을 찾기 위해 움직이고 가는 곳마다 반복되는 거절에 다시 역으로 돌아와 몸을 웅크리고 누웠다. 춥고 배고프고 외로웠다. 서울에 가면 방법이 생길 줄 알았는데 역에서 잠드는 신세라니. 이런저런 생각에 잠이 오질 않아 뒤척이다가 잠시 바람을 쐬어야겠다 싶어 역사 밖으로 나왔다.

그곳에 좀비들이 있었다. 알루미늄 식용유 통을 잘라 만든 화로에 이런저런 쓰레기들을 넣고 태우며 불을 쬐고 있는 좀비들. 헛것을 보았나 싶어 눈을 부비고 다시 한번 살펴봤다. 영등포역의 노숙자들이었다. 초점 없는 눈으로 희망도 절망도 기쁨도 슬픔도 없이 멍하니 타오르는 장작불을 바라보고 있는 사람들. 며칠 동안이나 그들 사이에서 생활했지만 내가 노숙자임을 자각해본 적은 없었다. 나는 돈을 벌러 왔으니까. 부자가 되기 위해 왔으니까. 비록 아직은 구직자 신세지만.

하지만 그들과 내가 지금 다를 게 있을까. 그들처럼 집도 절도 없이 떠돌며 역사 안에서 가방을 베고 종이를 덮고 잠드는 내가, 이 사람들을 좀비라고 느낄 자격이 있을까. 지금 내 눈에 노숙자로 보이는 이 사람들도 한때는 멀쩡한 직장과 행복한 가족을 가졌던 사람들이다. 혹은 나처럼 태어날 때부터 장애나 질병을 가져서 가난을 벗어나기 어려웠거나 열심히 사업을 일구다가 실패해 막다른 길에 들어섰을 것이다. 어쩌면 대학교 또는 그 이상의 학력을 소유하고도 인생이 잘 풀리지 않아 잠시 거리 생활을 하고 있는지도 모른다. 이런저런 각자의 사정 속에서 다른 선택지가 없어 이곳에 몰려든 사람들은 노숙 생활의 고단함에 지치고 당장의 먹고살 걱정에 치여 숨을 고르는 중일 것이다. 그런 그들 속에서 늙고 병든 내가 보였다. 이 상태로 계속 살다가는 영원히 여기서 이렇게 살겠구나. 일하고 싶어도 일할 수 없는 늙은 몸으로 오늘밤 이 한 몸 뉘일 곳을 찾아 떠돌며 식용유 통에 불을 피우며 하루를 마감하겠구나.

더는 이렇게 시간을 허비할 수 없었다. 다 포기하고 다시 고향 으로 내려가거나 어떻게든 돈 벌 궁리를 해야 했다. 돈 많이 벌어 오겠다고 큰소리 떵떵 쳤는데 이대로 낙향할 수는 없었다. 다음 날 당장 사우나에 가서 깨끗이 씻고 어디든 받아주기만 하면 일한 다는 생각으로 취업전선에 뛰어들었다. 허름한 구둣방에서 숙식 을 제공하고 월급 40만 원을 준다기에 묻지도 따지지도 않고 일단 들어갔다. 월급이 얼마인가는 문제가 아니었다. 일단 숙식을 해결 해야 했으니까.

그때부터 나는 닥치는 대로 일했다. 레스토랑 서빙부터 고깃집 에서 불판 닦는 일, 나이트클럽 삐끼까지 나를 써준다는 곳이라면 불나방처럼 달려들었다. 하루에 열두 시간씩 휴일도 없이 일하고 때론 겨우 한 시간 새우잠을 자고 다시 일하러 나가는 날들이 반 복됐다. 건강한 사람도 감당하기 힘든 강행군이었다. 더구나 혈우 병을 앓는 내게 그 노동은 몇 배나 더 무겁고 힘겨웠다.

오랫동안 서 있거나 걸으면 무릎 관절에서 출혈이 일어나서 퉁 퉁 붓기 때문에 나는 자주 다리를 절었다. 절뚝거리면서 서빙을 하고 있으면 손님들이 "병신 같은 게 얼쩡거린다"라며 욕을 했다. 그러면 손님들이 안 보이는 주방으로 쫓겨나서 손발이 퉁퉁 붓도록 설거지를 했다. 시커먼 불판을 수십 개씩 쌓아놓고 눌어붙은 기름때를 철수세미로 박박 밀어낼 때면 어깨가 으스러지는 것 같았다. 어느 날은 지배인이 나를 부르더니 다짜고짜 귀를 잡고 손님 앞으로 끌고 갔다. 그러더니 철판에 수세미가 끼었다며 손님이 보는 앞에서 뺨을 때렸다. 아프고 수치스러운 감정이 들 사이도 없이 나는 그저 고개를 숙이고 손님에게 연신 죄송하다고 사과했다. 언젠가는 이런 모멸을 겪지 않아도 되는 날이 오리라. 그렇게 믿었다.

죽도록 일하며 돈을 모았다. 허름한 모텔 달방을 전전하다가 밤마다 얇은 벽 너머로 들려오는 소리가 괴로워 고시원으로 거처를 옮겼다. 조용했다. 지나치게 조용하고 좁았다. 책상 밑으로 다리를 넣고 누우면 마치 관에 누워 있는 듯한 기분이 들었다. 저 깊은 무덤 속으로 파묻히는 상상을 하다가 정신을 번쩍 차리고 이게 끝은 아닐 거라고 매일 밤 되뇌었다. 이대로 인생이 끝나버릴까 봐 두려울 때면 고시원 밖으로 뛰쳐나가 소리를 질렀다.

"강호동! 넌 최고야! 할 수 있어! 좋은 날은 반드시 올 거야!"

그동안 읽은 수많은 책이 입을 모아 말했다. 지금 아무리 힘들고 절망적인 상황이라도 내일은 더 나아질 거라는 믿음, 할 수 있다는 자신감, 꿈을 잃지 않는 마음이 상상을 현실로 만들어줄 것이라고. 그러니 자신의 꿈이나 희망하는 바를 큰 소리로 외치고 마음에 새기라는 그들의 조언을 그대로 따랐다. 웬 미친놈이 한밤

중에 길에서 소리를 지르냐는 시선이 등 뒤를 훑고 지나갔지만 개의치 않았다. 지나가는 사람들의 시선이 두렵고 쪽팔려서 움츠러들 필요는 없었다. 창피한 건 순간이고 남들 눈에 쪽팔릴까 봐 움츠러들면 망하는 건 내 인생이다.

영등포역에서 고향으로 내려가는 기차를 타지 않은 그때, 나는 다시는 돌이킬 수 없는 나만의 열차를 탄 것이다. 이제 다른 선택지는 없다. 스스로를 한계의 상황에 몰아넣고 나 자신과의 싸움을 시작한 것이다. 이 열차는 멈추지 않을 것이다. 내리고 싶어도 내릴 수 없다. 그렇다면 어떻게든 목적지까지 무사히, 잘 도착하는 수밖에 없다.

첫 창업, 지독한 현실

8년 동안 돈을 모았다. 구둣방, 레스토랑, 고깃집, 나이트클럽, 호프집…. 할 수 있는 모든 일을 했다. 학벌도 기술도 경험도 없는 나를 고용해주는 곳이라면 어디든 가리지 않았다. 영등포역 노숙부터 가게에 딸린 숙소, 모텔방, 고시원 등을 전전하며 안 먹고, 안 쓰고, 안 입고, 치열하게 일하며 돈을 모았다. 언젠가 내 명의로 된 가게 하나를 열고, 사업가의 삶을 살겠다는 각오 하나로 청춘을 불태웠다.

그런 시간을 보낸 덕에, 서울과 광주를 오가면서 8년 만에 1억 1000만 원을 모았다. 이제는 무언가 해볼 수 있지 않을까. 때가 됐다고 생각했다. 자영업을 하기에 그리 넉넉한 자본은 아니었지만 그래도 시작해볼 수 있을 것 같았다. 드디어 창업이다.

일단 광주로 내려갔다. 엄마 건강이 안 좋아져 보살펴드려야 했고, 자본금이 그리 여유로운 편이 아니니 지방에서 시작하는 게 좋겠다는 판단이었다. 무엇보다 광주는 내가 태어나고 자란 곳이다. 지역 사정을 잘 아는 곳에서 출발하면 이점이 많으리라 생각했다. 당시 광주에서는 '레스토호프'라는 형태의 식당이 유행이었다. 레스토랑과 호프집을 결합한 콘셉트인데, 낮에는 식사류를 판매하는 식당이었다가 저녁에는 안주와 술을 파는 호프집이 되었다. 식당과 호프집이라면 내가 잔뼈가 굵은 분야였다. 그때까지의 경험을 바탕으로 가장 잘 해낼 수 있는 종목이었다.

광주에서 가장 번화한 동네 충장로는 다양한 먹거리, 유흥, 쇼핑 등을 즐길 수 있는 젊은이들의 거리다. 레스토호프를 차리려면 역시 유동 인구가 많은 곳으로 가야 하니 다른 후보지를 생각할 필요도 없었다. 하지만 유동 인구가 많은 만큼 임대료가 만만치 않았다. 영업을 할 만한 상가를 이곳저곳 돌아다녀봤지만 가진 돈이 많지 않아 선택지는 점점 좁아졌다. 발길은 자꾸만 구석으로 옮겨갔다. 결국 충장로는 충장로지만 저 깊은 골목 후미진 곳에, 그것도 2층 매장을 계약하고 말았다. 저런 곳에 가게가 있나 의문이 들 만큼 구석인데다 표지판이 없으면 찾아가기도 힘든 곳이었지만 인테리어 비용, 보증금, 원자재 비용, 인건비 등 들어갈 돈을 고려하면 달리 방법이 없었다.

그렇게 야심차게 전 재산을 쏟아부은 첫 창업. 입지가 중요하긴 하지만 입지가 전부는 아닐 거라고 믿었다. 그러나 역시 입지는 무시할 수 없는 것이었다. 홀에는 파리만 날렸다. 월 매출은 천만 원도 안 나왔다. 이것저것 빼고 나면 남는 것은커녕 마이너스가 될 지경이다. 이대로 가다가는 전 재산을 다 날리고 다시 설거지통 앞에서 고기 불판을 닦아야 할 판국이었다. 그 장면을 상상하니 너무 끔찍하다. 이제 와서 그 시절로 돌아갈 수는 없다. 어떻게 하면 매출을 일으킬 수 있을까. 머리를 쥐어짜며 뾰족한 수를 떠올리기 위한 고통의 밤이 흘러갔다.

그런데 잠깐. 내가 왜 새로운 방법을 떠올리려고 애쓰고 있지? 나는 그동안 수많은 식당과 호프집 등에서 실전 경험을 해왔다. 비록 서빙이나 호객 위주의 일들이었지만 그 과정에서 다양한 배움을 얻었다. 그렇다면 답은 하나였다. 내가 가장 잘할 수 있는 것을 하자. 내가 가장 잘할 수 있는 것은 역시 진정성을 갖고 임하는 것이었다. 진심을 다하면 언젠가 사람들은 그 진심을 알아준다. 그것이 내가 그동안 보고 듣고 배운 것들의 핵심이다.

우선 이 구석진 곳에 위치한 가게의 존재를 알려야 했다. 당장 전단지를 인쇄해 거리로 나갔다. 순식간에 홍보 전단지 500장을 다 뿌리고 돌아왔다. 그런데 정말 놀랍게도 전단지를 보고 가게를 찾은 손님이 단 한 팀도 없었다. 사실 그리 놀랄 일도 아니다. 나조차도 길에서 홍보 전단지를 받으면 즉시 버리거나 꼬깃꼬깃 접어서 주머니에 넣고 잊어버리지 않는가. 아무도 보지 않는 전단지는 500장 아니 5000장을 뿌려봤자 소용없는 것이다. 어떻게 하면 전단지를 보게 할 것인가, 혹은 어떻게 전단지를 보고 찾아오게 만들 것인가. 질문을 바꾸고 전략을 하나씩 수정해나가니 서서히 답이 보이기 시작했다.

디테일이 모든 것을 바꾼다

전단지를 나눠주는 일은 낯선 사람을 가까이에서 직접 마주하는 일이다. 따라서 굉장히 섬세한 접근이 필요하다. 일단 가방을 멘 쪽에 서면 안 된다. 낯선 사람이 자신의 가방이 있는 방향으로 갑자기 다가온다면 누구라도 순간적으로 경계하기 마련이다. 전단지를 나눠주는 사람이 가방 속의 지갑을 노리는 소매치기가 아니라 선량하고 무해한 사람이라고 느끼게 해주려면 세심한 배려가 필요하다. 그런 차원에서 신원을 분명하게 드러내는 것도 중요하다. '저 이상한 사람 아닙니다'를 온몸으로 보여주기 위해 단정하게 앞치마를 입고 패밀리 레스토랑 직원들처럼 가슴에 명찰을 차고 공손하게 두 손을 모았다. 전단지를 건네는 순간은 찰나다. 단 1~2초 안에 나를 향한 경계를 풀어야 하기 때문에 순간에 집중해야 한다. 어떤 상황에서도 얼굴을 붉히지 않고, 전단지를 거절해도 마음 상하지 않고(설령 마음 상했다 해도 겉으로 드러나지 않도록 하고) 다정한 톤을 잃지 말아야 한다.

선을 지키는 친근함

"안녕하세요, 이번에 오픈한 식당인데요. 한번 놀러오세요. 서비스 잘 드릴게요."

"관심 없어요."

여기서 멈추면 전단지는 아무 의미가 없다. 가게 이름이라도 각인시키고 싶다면 한 번 더 생각하게 만들어야 한다. 그렇다고 무작정 따라다니면서 조르는 느낌으로 접근하면 안 된다. 내가 가게 이름을 '초콜릿'이라고 지은 것은 의식적인 노력 없이도 쉽게 이름을 떠올릴 수 있기 때문이다. 그리고 진짜 초콜릿을 전단지와 함께 건네면 사소하지만 선물 받는 듯한 기쁨과 함께 이름을 더 확실히 각인시킬 수 있다. 앞치마에서 300원짜리 가나 초콜릿을 하나 꺼내 그냥 지나치려는 행인에게 건네주면, 방금 전까지 보였던 냉랭한 태도를 순식간에 거둬들인다. 차갑게 거절했는데 상대가 포기하지 않고 거절에 흔들리지도 않으며 오히려 작은 선물까지 건넨다면? 거절한 자신의 손이 무색해서 일단 전단지를 받고 조금이나마 관심을 보이려 할 것이다. 초콜릿은 당시 도매가로 170원에 살 수 있었다. 친근하게 다가서되 선을 넘지 않으면서 언제나 호의적인 태도를 유지하는 것. 전단지 돌리기는 단순해 보여도 찰나의 순간에 치밀한 밀당이 이루어지는 전략적인 행위다.

꾸준함을 이길 수 있는 것은 없다

홍보용 전단지의 효과는 양보다 질에서 나온다. 얼마나 많은 전단지를 배포했느냐보다 얼마나 진정성 있는 교감을 바탕으로 고객과 접점을 만들었는지가 중요하다. 전단지가 고객의 손에서 그대로 쓰레기통으로 직행하면 아무 소용이 없다. 전단지를 통해 식당의 이름을 인지하고 메뉴에 관심을 보이고 위치를 파악해 찾아오는 적극적인 소비자 행위로 이어지는 게 중요하다. 물론 이렇게 최선을 다해 세심하게 전단지를 배포했는데도 손님이 찾아오지 않을 수 있다. 한두 번 시도해보고 효과가 없다고 포기해서는 안 된다. 포기가 반복되면 습관이 된다. 한 번 포기하면 버티는 힘은 점점 약해지고 도전과 포기 사이의 간극은 점점 짧아진다. 결국 시도조차 하지 않고 체념하는 습관이 몸에 익어버린다.

나는 매일 번화가 사거리에서 '초콜릿' 홍보 전단지를 나눠줬다. 매일 같은 자리에서 같은 복장을 하고 같은 태도로 같은 행위를 반복하다 보니 이런 나의 존재 자체가 사람들의 관심을 끌었다. 저 사거리에 항상 서 있는 사람. 당신이 그곳을 자주 지나다니는 사람이라면 저 끈질긴 사람의 정체가 궁금하지 않겠나. 사람이 궁금해지고, 행위가 궁금해지고, 저 사람이 손에 든 전단지의 내용이 궁금해질 정도로 매일 꾸준하게 그 자리에 있어보라. 단 한 팀의 손님이라도, 언젠가 누군가는 반응할 것이다.

지방 번화가의 구석진 골목 2층에 있는 레스토호프 매장. 모두가 가망 없다고 판단한 그곳. 드디어 전단지를 보고 손님이 찾아왔다. 호기심에 들러봤다가 1회차 방문에 만족한 손님들은 친구와 함께, 연인과 함께 다시 '초콜릿'을 찾았다. 단골이 생겼고 그 단골은 또다시 다른 단골을 불러왔다. 홀에는 손님이 가득 찼다. 1000만 원도 안 되던 월 매출이 몇 달 만에 3500만 원까지 치솟았다. 드디어 숨을 쉴 수 있게 됐다. 그렇게 영원히 장밋빛 미래가 펼쳐질 줄 알았다.

2

다시
사장 연습을 하며

장사 잘되는 망한 집

그랜저XG를 샀다. 벤츠는 아니지만 당시에는 돈 좀 있다고 하는 사장님들이 타고 다니던 고급차였다. 고시원 벽면에 자동차 사진을 붙여놓고 꿈을 그리던 그 시절의 소망이 이루어진 것이다. 5만 원을 들고 서울로 올라가 영등포역에서 노숙하던 그때 그 청소년은 이제 고향으로 돌아와 화려하게 성공했다. 비록 동네 호프집 사장이지만 내 손으로 일군 성공이었다. 나는 잘나가는 사장이 되었다. 적어도 당시에는 그렇게 믿었다.

수중에 여윳돈이 생겼다. 매일 현금이 생겼고 더 이상 전단지를 돌리지 않아도 손님은 알아서 몰려들었다. 이제는 직원을 고용할 수 있었고 운영체계도 탄탄하게 잡혀가는 것 같았다. 알아서 잘 굴러가는 가게는 마치 무한동력 엔진을 장착한 생명체처럼 보였다. 능력 있는 직원들이 매장을 책임지고 있어서 내가 딱히 나설 일도 없다. 장사가 안 돼서 조급하고 불안했던 마음이 사라졌다.

이제는 인생을 좀 즐겨도 되지 않을까.

그 옛날 가난하고 찌질한 강호동은 이제 없다. 나는 새 차를 타고 나 좋다는 여자들을 만나며 부를 과시하고 다녔다. 내게 아무런 관심도 없던 사람들도 재력이 생기니 갑자기 친밀감을 드러냈다. 여기저기서 찾는 사람도 많아졌다. 지금 생각하면 알맹이 없는 관계였지만 나를 필요로 하고 나를 만나고 싶어 하는 사람이 많아지자 어쩐지 어깨에 힘이 들어갔다. 돈 없고 힘없을 때는 나를 무시하던 사람들이 이제는 나를 존중하고 우러러본다는 것에 묘한 쾌감을 느끼기도 했다. 그것은 마치 지난 시절의 혹독한 가난을 보상받는 기분이었다.

그렇게 가게를 직원들 손에 맡겨놓고 흥청망청 놀러 다닌 결과는 처참했다. 장사는 여전히 잘됐다. 하지만 1년 6개월 만에 가게를 접어야 했다. 망해버린 것이다. 장사가 잘됐는데 왜 망한 것일까. 매출은 줄지 않고 꾸준하게 유지하고 있는데 어째서 잔고는 점점 바닥을 드러내고 장사를 할수록 손해를 보는 것일까.

인정하기 싫지만 인정해야 했다. 나는 실패했다. 전 재산을 들여 달콤한 성공을 아주 잠깐 맛보았고, 그 달콤함에 취한 대가는 지독했다. 모든 것이 잘 굴러가고 있다고 생각했지만 제대로 굴러가는 것은 하나도 없었다는 걸 너무 늦게 깨달았다. 하지만 인생은 아직 끝나지 않았다. 두 번 다시 실패하지 않으려면 원인을 찾아야 한다.

사업인가, 장사인가

가장 중요한 패인은 자리를 지키지 않은 것이었다. 오픈할 때는 하나부터 열까지 내 손으로 만들어냈고 모든 것을 직접 관리했다. 전단지 배포도 업체에 맡길 수 있었지만 그 역시 직접 하기로 했다. 사장보다 잘할 수 있는 사람은 없다고 믿었기 때문이다. 누구보다 절실하고 간절하게 손님을 불러 모으고 싶은 사람은 사장 본인이지 않겠는가. 이러한 초심을 끝까지 지켰어야 했다. 장사가 어느 정도 궤도에 오르자 나는 가게를 자주 비웠다. 그렇게 해도 잘 돌아간다고 믿었기 때문이다.

하지만 아무리 유능한 직원이 있다고 해도 오너만큼 섬세하게 들여다볼 수는 없다. 가령 테이블 측면에 붙은 이물질은 대부분 사장 눈에만 보인다. 직원이 성실하고 꼼꼼하게 테이블을 닦더라도 서서 상판을 닦기 때문에 눈에 잘 안 띄는 측면을 점검하기가 쉽지 않다. 하지만 손님 입장에서는 의자에 앉으면 자연스럽게 테이블 옆에 손이 닿는다. 그곳에 끈적이는 기름때가 묻어 있다면 아주 난감해진다. 오너십이 장착된 사장에게는 그런 것들이 보일 수밖에 없다.

사장은 결코 영업장을 비워서는 안 된다. 자식 돌보듯이 내 매장을 가꾸고 관리하며 서비스의 질을 균일하게 유지해야 한다. 사장 본인이 없어도 잘 돌아갈 수 있게끔 하려면 시스템을 갖추어야 하는데, 그 시스템도 없이 영업장을 비웠으니 할 말이 없었다. 장사는 오너가 반드시 있어야 한다. 특히 '초콜릿' 같은 소규모 사업장에서는 사장이 자리를 비울 때 잃는 게 너무 많다.

매출은 아무것도 아니다

나는 숫자에 속았다. 월 매출이 세 배 이상 늘었다는 사실에 그저 안도했다. 하지만 어떤 사업도 비용 없이 이루어지지 않는다. 인건비, 임대료, 재료비, 관리비 등의 투입 비용을 고려하지 않고 매출이 오르는 것에만 집중할 때 우리는 숫자의 함정에 빠진다. 지출 관리를 제대로 하지 못하면 매출이 아무리 높아도 손에 쥐는 것이 없다.

영업을 계획할 때 투입되는 비용의 비율을 정확하게 정하고 기준선을 초과하지 않도록 철저하게 관리해야 한다. 영업을 하다 보면 예상치 못했던 비용이 나가기도 하고 뜻밖의 이익이 생기기도 하는 등 변수가 발생하는데, 명확한 기준이 없으면 위기에 대처하기 어렵다. 나는 다음 달에 결제해야 할 원자잿값이나 고정비 등을 고려하지 않고 통장에 들어오는 돈이 다 내 것이라고 생각했다. 그러고는 매출이 높은데 왜 마이너스일까 억울해하고 있었다. 무수히 많은 창업가가 이런 실수를 범한다. 이러한 실수를 예방하기 위한 첫 번째 원칙은 바로 매출·매입 사항을 문서화하는 것이다. 과연 기록하는 것만으로도 충분할까, 문서로 작성하는 게 뭐 그리 대단한 일일까 싶을 수도 있지만 이 과정은 매우 중요하다. 돈은 우리 눈에 보이지 않는다. 숫자로만 왔다 갔다 하는 돈의 흐름을 문서로 기록해놓아야 어떤 돈이 어디서 들어와 어떻게 나갔는지 파악할 수 있다.

이 기록은 매일 해두는 것이 좋다. 엑셀 파일에 오늘의 매출과 매입을 매일 적어두면 월 관리가 한결 쉬워진다. 재고관리도 마찬가지다. 오늘 사용한 밀가루의 양은 얼마나 되는지, 고기는 얼마나 썼는지 기록해두면 재고 파악에 용이하며 이는 지출관리에서 매우 중요한 부분이다. 일 단위로 재고관리가 되어야 월 단위 관리가 가능해지고, 재고관리가 정확하게 되어야 매출·매입 관리도 체계적으로 진행된다. 많은 자영업자가 이 과정을 생략한다. 그러나 아무리 작은 구멍가게라도 매출·매입을 문서로 기록하고 관리하지 않으면 어느 순간 이유도 모르는 채 텅 비어 있는 통장을 마주하게 될 것이다.

성공의 이유는 제각각이지만 폐업의 이유는 똑같다

사업이 잘되는 데에는 여러 이유가 있지만 망하는 이유는 똑같다. 바로 관리 부실이다. '초콜릿'의 영업이 잘되자 나는 자주 매장을 비웠고, 매장을 비운 만큼 아는 게 없어졌다. 단골손님이 왜 갑자기 발을 끊은 것인지, 신규 고객이 왜 늘어난 것인지, 단골손님과 신규 고객이 동시에 늘었는데 왜 매출은 오르지 않는지 알 수 없었다. 음식 맛이나 서비스가 얼마나 유지되고 있는지 손님들의 피드백을 직접 듣지 못했고 어떤 컴플레인이 오고 갔는지도 몰랐다. 고객들에게서 관심이 멀어지니 지인들의 방문에만 신경을 쓰고 정작 자발적으로 찾아오는 손님들에게 필요한 것이 무엇인지는 고민하지 않았다. 직원들이 일하면서 불편한 점이 무엇인지, 개선할 점이 무엇인지도, 직원들 사이에 어떤 갈등이 벌어지고 있는지도 역시 몰랐다. 자리를 비운 사이에 주방 직원과 서빙 직원이 머리채를 붙잡고 싸우는 일도 있었고 그로 인해 둘 다 갑자기 그만두었는데, 현장에 없던 나는 그들을 중재하지 못했고 퇴사의 이유도 명확하게 알 수 없었다.

잘되던 사업체가 한순간에 고꾸라지는 건 결국 오너가 자리를 비우거나 초심을 잃는 것이 가장 큰 원인이다. 인력관리, 지출관리, 매장관리, 고객관리를 제대로 하지 못하기 때문이다. 트렌드 변화에 대응하지 못하면 망할 수밖에 없다. 현장에서 시시각각 변화하는 것들에 귀를 기울이고, 관찰하고, 관리해야 한다.

폐업에 이르기 전에 이런 문제점들을 미리 알았더라면… 하는 생각에 후회도 하고 자책도 했다. 귀하게 얻은 기회를 한순간에 날려버렸다는 생각에 절망에 빠지기도 했다. 하지만 넋 놓고 후회만 해서는 앞으로 나아가지 못한다. 이토록 비싼 수업료를 치르고도 얻는 것이 없다면 더 이상의 발전은 없다. 나는 여기서 주저앉을 생각이 전혀 없었다. 어떻게든 일어서기로 했다.

창업을 하고 사업을 꾸리다 보면 높은 확률로 이런 실패를 겪는다. 단 한 번의 좌절도 없이 한 방에 승승장구하는 사람도 물론 있겠지만, 그런 행운을 바라며 사업을 해서는 안 된다. 당장 주위를 둘러봐도 위기 없이 성공한 사람을 찾기는 어려울 것이다. 그럼에도 사람들은 정말 묘하게도, 나쁜 일이 내게는 일어나지 않을 것이라는 근거 없는 믿음을 갖곤 한다. 수많은 사람이 숱하게 많은 좌절을 겪는다는 것을 알면서도, 나에게는 그럴 일이 없을 거라는 막연한 기대를 품는 것이다.

또 작은 위기를 극복해내고 나면 다음에 이어지는 위기를 가볍게 여기는 실수를 저지르기도 한다. '초콜릿'의 입지가 좋지 않다는 약점 때문에 불안했고 실제로 그 요소가 영업에 영향을 미쳤지만, 그 위기를 한 번 극복하고 나니 나는 모든 게 잘될 거라는 낙관에 빠져버렸다. 그렇게 방심한 사이에 사장이 꼭 지켜야 할 것들을 놓쳤고 그 결과는 고스란히 현실로 드러났다. 다시는 겪고 싶지 않은 실패였다. 다시 겪지 않으려면 나는 달라져야 했다.

언제나 사장처럼 일하라

어린 나이에 무일푼으로 떠나서 화려하게 복귀했다가 다시 빈털터리가 된 일련의 과정이 사람들에게 아주 강한 인상을 남긴 모양이다. '초콜릿'을 정리하고 웅크리고 있을 때 '망한 호프집 사장'을 찾는 사람들이 생기기 시작했다.

"강 사장, 우리 가게 와서 운영 좀 맡아봐. 여기 매출도 좀 끌어올려줘."

결과적으로는 문을 닫았지만 아무도 찾지 않던 가게의 매출을 그만큼 올려놨으니 저 사람에게는 뭔가 기대해봐도 좋지 않겠나 싶었던 모양이다. 당장 다른 선택지가 없었으니 나는 제안을 받아들였다. 그렇게 월급 사장 인생이 시작됐다. 사실 월급 사장이든 오너 사장이든 내겐 크게 다를 것이 없었다. 아주 오래전부터 파트타임 아르바이트를 하더라도 언제나 내 가게처럼 여기고 일했으니까 내가 처한 상황은 전혀 중요하지 않았다. 오직 이 가게에 오는 손님들이 좋은 경험을 하고 그 경험을 바탕으로 다시 이곳을 찾게 하는 것. 그것만이 내 관심사였다. '초콜릿'을 운영하며 많은 실수를 해봤으니, 그 실수를 반복하지 않고 앞으로 나아가는 것이 중요했다.

호프집, 한식당 등 외식업부터 한의원 원무과장까지 거치면서 나는 조금씩 더 성장했다. 불러주는 곳마다 매출을 두 배에서 많게는 네 배까지 끌어올렸다. '초콜릿'처럼 후미진 곳에 있던 식당을 지역에서 손꼽히는 맛집으로 만들기도 했고, 경쟁 식당과 치열하게 싸워서 승기를 잡기도 했다.

고깃집에서 일하던 어느 날, 한 손님이 '동네에 냉면이 너무 맛있는 집이 있어서 자주 간다'는 말을 했다. 그 말을 듣는 순간 냉면만큼은 저 집을 이겨보자는 생각이 들었다. 나는 두 번 생각하지 않는다. 결심하면 곧장 실행한다. 재료를 구해 직접 반죽도 해보고 냉면기계를 구입해 면을 뽑고 육수도 손수 만들어봤다. 아무리 노력해도 내가 직접 조리해서는 맛을 따라잡기가 어려웠다. 그렇다면 다른 방법을 찾아야 한다. 즉시 최고의 냉면 레시피를 1000만 원 주고 사왔다. 어쩌면 무모한 짓일지도 모르지만 할 수 있는 모든 것은 다 하겠다는 각오가 단단했기 때문에 망설임이 없었다.

냉면 홍보를 위해 점심시간에 냉면을 1000원에 팔겠다는 문구를 적어 현수막을 내걸었다. 그러자 다른 냉면집에서 툭하면 현수막을 찢어버렸다. 나는 아르바이트생을 고용해 하루 두 시간 동안 현수막을 직접 들고 있도록 했다. 물론 시급은 1.5배로 지급했다. 그렇게 꿋꿋하게 지켜낸 현수막 덕분인지 점심때만 되면 엄청나게 긴 줄이 이어졌다. 매출은 두 배 이상 뛰었고, 냉면 먹으러 왔다가 다른 메뉴도 맛본 손님들이 계속해서 가게를 찾았다.

대단하고 특별한 마법을 부린 것이 아니다. 월급 받고 일한다고 월급만큼만 일하는 게 아니라 정말 내 사업장처럼 생각하고 일했다. 그렇게 일해야 문제점이 보이고 개선할 점을 고민하게 되기 때문이다. 발전은 더 나은 방향을 고민하는 사람만이 획득할 수 있다. 단순한 월급쟁이가 아니라 매니징의 주체로서 경영의 기초를 실천하기 위해 나는 다음과 같은 원칙을 지키고자 했다.

기본을 지키고 플러스알파를 만들 것

장사에 필요한 것은 생각보다 복잡하지 않다. 세상만사 모든 일이 다 그렇듯이 기본을 지키는 것만큼 중요한 건 없다. 세계적인 패스트푸드 체인인 맥도날드는 'QSC&V' 운영 철학을 철저하게 지키는 것으로 알려져 있다. 이는 품질(Quality), 서비스(Service), 청결(Clean), 가치(Value)를 뜻하는 것으로, 맥도날드 창립자 레이 크록이 주창하고 이어오면서 오늘날 외식업의 기본 원칙으로 자리 잡았다. 외식업을 하는 사람은 이 네 가지 기본 요소를 지키지 않는다면 결코 성공할 수 없다. 음식을 파는 식당이라면 당연히 음식의 맛이 좋아야 하고, 손님에게 서비스를 잘해야 하며, 영업장을 청결하게 유지해야 한다는 것은 누구나 잘 알 것이다. 그렇다면 가치는 무엇을 말할까. 레이 크록이 실현하고자 했던 가치란 무엇일까?

깨끗한 곳에서 최상의 서비스로 맛있는 음식을 제공 받는다면 고객의 만족감은 올라간다는 것을 모르는 사업가는 없다. 따라서 외식업의 기초라 할 수 있는 QSC를 잘 지키는 식당은 이미 많이 존재한다. 그렇다면 다른 매장과의 차별화를 위해서는 이곳에서만 얻어갈 수 있는 심리적 만족감이 있어야 한다. 이러한 만족감은 이 매장에서만 경험할 수 있는 특별한 가치(V)이다. 우리 매장과 똑같이 품질이 좋고 서비스가 뛰어나고 청결한 옆 가게가 아닌 우리 매장을 다시 선택하게 만드는 차별화된 가치가 없다면 재구매율은 올라가지 않는다. 한 번 방문한 손님이 이후에도 두 번, 세 번 반복하여 방문하고 친구와 가족, 동료들에게도 전파하고 싶을 만큼 충성도가 올라가야 비로소 단골이 생기고 '입소문'을 탄다. 그렇게 브랜드의 '자기다움'을 만들어가지 못한다면 결국은 경쟁 상대와 눈치싸움을 하다가 가격 인하 경쟁을 하게 되고 출혈이 심해져 함께 자멸하고 만다.

고객의 목소리에 귀를 기울일 것

고객을 불러오려면 고객을 잘 알아야 한다. 내가 고객에게 제공할 수 있는 것은 무엇이고 고객이 원하는 것은 무엇인지 파악해야 정확한 접점이 생긴다. 대부분의 손님은 음식이나 서비스 등에 자신의 의사를 자발적으로 표현하지 않는다. 계산대에 서서 "맛있게 드셨어요?"라고 물으면 맛이 없어도 대충 맛있다고 답변하고 나간다. 그리고 다시는 방문하지 않는다. 어떤 점이 불만족스러웠는지, 음식의 맛이 적당했는지 등의 피드백을 들을 기회조차 갖지 못하는 것이다.

한번은 계산하는 손님에게 맛있게 드셨냐고 물으니 내 앞에서는 맛있다고 했지만, 매장 문을 나서면서 친구에게 "여기 별로네. 다시 올 일은 없겠다"라고 하는 말을 들은 적도 있다. 면전에서 굳이 기분 상할 얘기는 하지 않도록 교육받은 동방예의지국의 매너 있는 고객들 덕분에(?) 소중한 피드백을 놓칠 수 있겠다 싶었다. 반대로 재방문한 손님 역시 왜 다시 방문했는지 먼저 말해주는 경우가 드물다. 그렇다면 이 매장의 어떤 점이 고객을 끌어오는지 핵심 요인을 파악하기 어렵다.

고객이 원하는 바를 알 수 있는 방법은 아주 간단하다. 직접 듣는 것이다. 답은 언제나 고객에게 있다. 자주 오는 손님이라면 작은 서비스 하나를 내어주며 친근하게, 그러면서도 부담스럽지 않게 일상적인 대화를 하듯이 말을 걸어보라. 음식 맛은 괜찮은지, 자주 오는 특별한 이유가 있는지, 이 가게의 어떤 점이 마음에 들고 어떤 점을 개선하면 좋을지 캐주얼하게 물으면 대부분 솔직한 답을 해준다. 만약 음식을 많이 남긴 손님이 있다면 조심스럽게 이유를 물으며 다른 서비스 메뉴를 내어주는 식으로 대처하면, 비록 오늘은 음식 맛에 불만족스러웠을지라도 운영자의 정성과 성의를 기억할 것이다.

영업이익에 집중할 것

앞서 '초콜릿' 매장을 운영하면서 가장 뼈아팠던 것이 바로 지출관리를 제대로 하지 못한 것이다. 매출과 이익은 함께 가지만 결코 같은 것이 아니다. 자영업을 할 때 가장 중요한 것은 매출이 아니라 이익이다. 매출이 1000만 원인데 재료비, 인건비, 임대료, 관리비가 950만 원이면 매출 1000만 원이 무슨 소용인가. 수중에 들어오는 돈이 50만 원이라면 편의점에서 파트타임 아르바이트를 하는 게 더 나을 수도 있다.

너무나 당연한 원칙이지만 이를 제대로 지키지 못하는 창업자들이 정말 많다. 음식의 품질을 높이기 위해 좋은(비싼) 재료를 쓰고 소비자의 가격 부담을 덜어주기 위해 판매가를 낮춘다면 고객을 확보할 수는 있지만 이익은 줄어든다. 객단가(Customer Transaction: 고객 1인당 평균 매출액. 메뉴의 평균 단가를 높이면 객단가는 올라간다)를 고려하지 않고 입지 좋고 임대료가 비싼 상가를 임대한다면 이익은 더 줄어들 것이다. 좋은 재료, 저렴한 가격, 훌륭한 입지에 힘입어 손님이 늘었는데 이렇게 해서는 도저히 이익이 나질 않아서 갑자기 저렴한 재료를 쓰고 가격을 올린다면? 당연히 손님은 '변했다'라고 생각하며 발길을 끊을 것이다. 따라서 창업을 할 때부터 비용을 제대로 계획해야 한다.

내 가게만의 정체성을 고민할 것

창업을 계획할 때 보통 무엇을 팔고, 어디서 팔고, 어떻게 팔지를 고민한다. 그런데 질문이 대부분 '판다'는 것에 집중돼 있다는 게 문제다. 내 상품이나 서비스를 고객에게 팔겠다는 생각에만 매몰되어 있으면 공급자 중심의 사고에서 벗어나기 힘들다. 고민은 언제나 소비자 입장에서 해야 한다. 팔려고 하기보다는 사게 만들어야 한다. 그렇게 생각의 방향을 옮겨보면 결국 '무엇을' '어디서' '어떻게'가 아니라 '왜'가 중요하다는 것을 알 수 있다. 이 고객이 그 수많은 경쟁 매장 중에서 '왜' 우리 매장을 선택했는지, 어제 왔던 고객이 오늘 '왜' 다시 왔는지, '왜' 어떤 고객에게는 우리 매장이 단 한 번도 선택받지 못했는지를 고민해봐야 한다는 것이다. 숫자로 보이는 매출의 흐름만큼이나 내 매장에서 고객이 느끼는 가치의 흐름이 중요한 이유다. 요즘은 다양한 프로그램이 많아 구체적인 데이터를 통해서 신규 고객은 얼마만큼 유입되고 있는지, 기존 고객은 평균적으로 어느 정도 기간을 두고 재방문하는지 알 수 있다.

다른 무엇과 비교할 수 없는 우리 매장만의 정체성이 있어야 한다. 김밥집이 반경 500미터 내에 세 군데가 있다면 사람들은 어디로 갈까. 더 맛있는 곳을 찾을 수도, 더 저렴한 곳을 찾을 수도, 독특한 메뉴를 판매하는 곳을 찾을 수도 있다. 사람들의 선택에는 이유가 있다. 바로 그 이유가 이 매장의 핵심 정체성이 된다. '굳이 이곳을 선택하는 이유'를 명확하게 만들고 그것을 강화하지 못하면 사업은 오래 지속되지 못한다.

고객이 기억하는 이미지까지 고려할 것

외식업은 내부적인 관리만이 전부가 아니다. 물론 홀과 주방을 깨끗하게 관리하고 서비스를 잘하고 직원 매니징이 잘 이루어지는 것은 중요하다. 그와 더불어 명심해야 할 것은 외부적으로 고객에게 보이고 인식되는 이미지다. 아무리 작은 매장을 운영하는 자영업자라도 자신만의 브랜딩이 필요하다. 위에서 예로 든 김밥집을 다시 소환해보자. 독특한 메뉴를 판매함으로써 경쟁업체보다 우위를 점했다고 하자. 그렇다면 '독특한 메뉴를 판매하는 동네 김밥집'을 어떻게 보여줘야 할까.

'마케팅은 사게 하는 것이고, 브랜딩은 사랑받는 것'이다. 브랜딩은 단순히 로고나 간판, 인테리어나 익스테리어 등으로 보이는 것이 전부는 아니다. 이 김밥집을 생각했을 때 떠오르는 즉각적인 이미지, 메시지, 상품, 서비스, 스토리, 콘셉트 등 거의 모든 것이 브랜딩으로 이어진다. 그것이 고객이 추구하는 것과 맞아떨어질 때 비로소 그 고객은 기꺼이 팬이 되어준다. 내부적인 관리와 외부적인 브랜딩은 선택지가 아니라 필수 요소다. 어느 것 하나도 소홀히 해서는 안 된다.

기다리지 말고 찾아가자

"내가 경매로 매입한 건물이 하나 있는데 여기도 좀 살려줘."

매장을 몇 개 살렸더니 사장님은 내게 다음 미션을 제안했다. 정말 기이한 위치에 있던 허름한 건물에 식당을 개업하겠다는 것이다. 누가 봐도 불가능해 보이는 미션이었는데 무슨 배짱이었는지 호기롭게 제안을 수락해버렸다. 이전의 성공 경험으로 자신감이 충만했던 것일까. 그러나 이번에도 현실은 그렇게 만만하지 않았다.

그곳은 식당이나 호프집이 모여 있는 거리가 아니라 옷가게가 있던 자리였다. 그 골목에 밀집된 상가가 모두 옷가게여서 그 자리에 식당이 들어선다면 정말 생뚱맞아 보일 터였다. 그 거리는 지금껏 한 번도 식당이 들어온 적 없는 순도 100퍼센트 의류매장 상권이었다. 이번에는 내 지분까지 들어갔으니 어떻게든 '되는 집'으로 만들겠다는 각오를 다졌지만 생각만큼 쉽지 않았다. 장사가 너무 안 돼서 스트레스가 극심해졌다. 그동안 익혀온 모든 원칙들을 빠짐없이 지키고 성실하게 일했지만 그것만으로는 충분하지 않았다.

매장 위치가 안 좋다면 그곳으로 손님을 끌어오기 위한 노력을 더 하면 되는데, 이번 매장은 수많은 의류 매장 사이에 홀로 끼어 있는 삼겹살집이었기 때문에 해당 상권의 유동 인구를 끌어오는 게 어려웠던 것이다. 이미 의류 쇼핑이라는 확실한 목적을 가지고 방문한 고객들이 갑자기 옷을 사다 말고 삼겹살을 먹으러 들어올 가능성은 매우 낮았다. 쇼핑을 마치고 식사를 한다면 다양한 식당들이 모여 있는 식당가로 가면 갔지, 선택지가 딱 하나뿐인 이 골목 유일의 삼겹살집에 올까? 그러니 이 식당은 어디서든 일부러, 굳이, 찾아오는 식당이 되어야 했다.

그때 TV에서 우연히 〈스펀지〉라는 프로그램을 보게 됐다. 다양한 질문과 실험 등을 통해서 새로운 정보를 찾아나가는 예능프로그램이었는데, 문장 속에 빈칸을 넣어놓고 그 빈칸에 들어갈 정답을 찾아가는 과정을 보여주는 쇼였다. 예를 들어 프로그램 초반에 '추울 때는 ____ 하는 것이 좋다' '콜라와 아이스크림을 같이 먹으면 ____ 한다' 등의 주제 문장을 제시하고 각종 실험을 통해 빈칸에 들어가는 말을 찾으면 정보가 완성되는 식이었다. 결론은 항상 초록색 칠판에 쓰인 문장을 완성하는 것으로 보여줬다. 그런데 그 초록색 칠판에 어느 순간 '검색'이라는 단어가 포함되기 시작했다. 포털사이트 네이버가 검색 기능 강화를 위해 한창 '지식인'이라는 서비스를 시작하던 시절이었다. 궁금한 것이 있으면 지식인 서비스에 질문을 올리고 다른 사용자가 그 답을 알려주는 방식이었는데, 그것은 〈스펀지〉가 완결된 정보를 찾아가는 포맷과 유사해보였다.

비즈니스 컨설턴트 제이슨 제닝스와 로렌스 호프톤은 《큰 것이 작은 것을 잡아먹는 것이 아니라 빠른 것이 느린 것을 잡아먹는다》라는 책에서 사업가가 어떻게 하면 남들보다 더 빨리 생각하고, 더 빨리 움직일 수 있는지에 관해 이야기한다. 이 책에 소개된 세계적으로 성공한 글로벌 기업들의 사례들을 따라가다 보면, 느린 것을 잡아먹는 '빠른 것'이란 아주 다양한 의미를 지녔다는 걸 알 수 있다.

빠르게(스마트하게) 생각하는 것, 빠르게 의사결정을 하는 것, 빠르게 변화에 적응하는 것…. 이제는 남들보다 한 수 앞서 생각하는 사고의 틀이 사업의 성공 여부를 결정할 것이다. 그렇다면 나는 어떻게 망해가는 삼겹살집을 다시 일으켜 세울 것인가. 그때 내게 필요한 것은 '지금 여기'가 아니라 '저 너머'에 있다는 것을 깨달았다. 굳이 일부러 찾아오는 '맛집'이 되려면 이 상권에 찾아오는 손님을 기다릴 것이 아니라 저 너머에 있는 잠재적 고객을 불러와야 한다.

지금은 너무 당연한 것들이지만 그 시절에는 '곧 도래할 미래'

였던 것! 그것은 온라인, 그리고 모바일이었다. 사람들은 모든 것을 온라인으로 실행했다. 궁금한 정보는 포털사이트의 태양신 지식인들에게 물어봤고, 맛집은 자주 가는 온라인 카페에 들어가 추천 리스트를 찾았다. 뉴스, 책, 쇼핑, 웹툰, 패션…. 인터넷의 세계는 한계를 모르고 폭발하고 있었다. 나는 그 광활한 온라인 세상이 손바닥 안으로 들어오는 것을 실시간으로 목격했다.

언제부턴가 사람들은 식당에 와서도 마주보고 대화를 하는 게 아니라 고개를 푹 숙이고 작은 화면을 들여다보기 시작했다. PDA 폰 같은 기기들이 등장하면서 휴대폰으로 인터넷을 할 수 있는 세상이 왔다. 그렇다면 온라인 속 정보들은 사람들의 선택에 점점 더 큰 영향을 미칠 것이다. 나는 이를 현장에서 직감했다. 우리가 '맛집'이 되기 위해서는 온라인 정보를 먼저 장악해야 한다.

처음에는 온라인 마케팅 회사를 찾았다. 네이버나 다음 같은 포털사이트의 블로그, 카페, 지식인 등에 상호명을 노출하고 고객을 끌어모을 수 있는 콘텐츠를 올려주는 대행사들이 서울에 몇 군데 있었다. 마지막이다 생각하고 서울에 있는 업체에 100만 원을 주고 온라인 마케팅 대행을 맡겼다. 큰돈은 아니었지만 적자를 면하지 못하던 시절에 손에 잡히지도 않는 온라인 마케팅에 그만한 돈을 쓴다는 건 큰 용기가 필요했다. 누구도 효과를 장담할 수 없는 초기 단계였고, 마케팅이라는 게 반드시 시간과 비용을 들인 만큼 그대로 돌아오는 건 아니었기 때문이다.

초조하고 불안했다. 앞으로의 세상은 손 안에서 모든 것이 이루어지리라는 판단에서 실행한 것이었지만, 지방 의류 쇼핑 골목의 삼겹살집에 온라인 마케팅이라는 것이 과연 통할까? 그런데 놀랍게도 사람들이 정말로 '굳이' 우리 매장에 찾아왔다. 인터넷에서 보고 왔다는 것이다.

정보를 찾기 쉬운 세상이 되자 사람들은 기왕 외식을 한다면 더 맛있는 것, 독특한 것, 트렌디한 것을 찾아 나서기 시작했다. 지나가다가 우연히 간판을 보고 들어가는 게 아니라 이미 많은 사람에게 추천되거나 검증받은 곳을 검색해 일부러 찾아왔다. 손님 입장에서는 쓸 수 있는 시간과 비용은 한정되어 있고 그것을 소비할 수 있는 선택지는 너무 많으니 정보를 열심히 찾아야 실패 확률을 낮출 수 있는 것이다. 온라인 마케팅의 힘이 점점 커졌다.

그러는 사이에 대행업체 수수료도 함께 커지고 있었다. 100만 원이던 의뢰 비용이 두 배, 세 배, 네 배…. 끝을 모르고 치솟았다. 온라인 마케팅이 점점 더 중요해지니 찾는 사람도 많았을 것이다. 의뢰 비용이 오르는 만큼 마케팅 품질도 좋아진다면 다행이지만 현실은 그렇지 않았다. 업무를 제대로 하는지 확인하기도 어려웠다. 마케팅을 진행하려는 클라이언트가 늘어날수록 갑을관계는 뒤바뀌고 비용을 들인 만큼 개선된 결과를 얻지 못했다. 그러더니 급기야 업체가 증발하는 사태까지 벌어졌다. 속된 말로 '돈만 받고 튄 것'이다.

선택의 순간이 왔다. 믿을 만한 다른 업체를 찾을 것인가, 내가 직접 뛰어들 것인가. 보통 이런 경우 다른 업체를 찾는 것이 일반적인 수순이다. 그것이 가장 안전하고 효율적인 방법일 것이다. 하지만 나는 다른 선택을 하기로 했다. 보다 근본적인 질문을 스스로에게 던지자 답은 금방 나왔다. 세상이 변하고 있다는 것을 두 눈으로 똑똑히 보고 있으면서, 그 미래가 점점 더 가까이 다가오고 있다는 걸 온몸으로 실감하고 있으면서 나는 왜 그 기회를 남의 손에 맡겨버린 것일까. 온라인이 세상을 장악하고 스마트폰이 대세가 되면서 모바일 콘텐츠가 외식업에 영향을 미칠 것이라는 걸 잘 알면서도 왜 그것을 통찰의 발판으로 삼지 않았던 것일까.

나는 이 위기를 터닝 포인트 삼아 사업의 방향을 돌려봐야겠다고 생각했다. 그동안 나는 일종의 '해결사' 역할을 해왔다. 적자를 면하지 못하는 식당의 매출을 올려주고 손님을 끌어모을 수 있도록 관리해주면서 자영업자들의 '문제'를 해결해왔다. 그렇다면 이 역할을 외부적으로 좀 더 확장해볼 수 있지 않을까?

0원으로 시작한 마케팅

외식업은 경쟁이 치열하다. 음식이 너무 맛있는데도 장사가 안 돼서 버티고 버티다가 망하는 자영업자들이 수두룩하다. 이 집은 이 집대로 맛있고 저 집은 저 집대로 맛있다. 제품은 상향평준화가 되어가기에 제품력만 가지고는 살아남기가 힘들다. 광주에서 매장을 운영하면서 이런 고민으로 힘들어하는 창업자분들을 정말 많이 만났다. 누구보다 열심히 일하고 맛있는 음식과 서비스를 위해 안간힘을 쓰며 노력하는데 그것이 매출로 이어지지 않으니 절망 속에서 주저앉아버리는 것이다.

'해결사적인' 역할을 좀 더 확장해보고자 마음먹었을 때, 이 사장님들을 떠올렸다. 내가 직접 월급 사장이 되어 매출 문제를 해결해주는 것이 가장 좋은 방법이지만 나도 몸이 하나뿐인 인간이라 한계가 있었다. 그렇다면 온라인을 통해 입소문을 내주는 역할을 하면 어떨까. 일종의 바이럴 마케팅을 내가 직접 실행해보는 구상을 한 것이다.

"사장님, 제가 인터넷으로 소문 좀 내볼게요."

"그게 무슨 소리야. 현수막이나 전단지를 돌려야지. 아니면 버스나 케이블TV 광고 같은 거. 근데 그건 돈 없으면 못하잖아."

"세상이 변하고 있다니까요. 저 한번 믿어보세요."

"그게 대체 뭔데? 너 무슨 보험 영업하는 거야?"

지방에서 작은 식당이나 호프집을 운영하는 사장님들에게는 인터넷을 통해서 마케팅을 한다는 것 자체가 잘 이해되지 않던 시절이었다. 그도 그럴 것이 당시만 하더라도 와이파이는 특정 지역에서만 가능했고, 밥 한 끼 먹자고 컴퓨터로 식당을 검색하고 지도를 찾아보고 발걸음을 한다는 것이 상당히 비현실적으로 느껴졌을 것이다.

하지만 세상은 빠르게 변하고 있었다. 특히 네이버를 비롯한 대형 포털사이트들이 검색 기능을 강화하기 위해 블로그, 카페 등에서 사용자 스스로 콘텐츠를 생산하는 환경을 적극적으로 만들어내고 있었다. 사용자들은 자신이 만족스럽게 다녀온 장소를 웹 공간에 '공유'하고 '추천'했다. 콘텐츠에 관한 반응이 좋으면 포털사이트 메인 페이지에 소개됐고 그러면 더 많은 사용자가 링크를 타고 해당 페이지에 방문했다. 온라인 마케팅 대행업체들이 하던 일이 바로 이런 콘텐츠를 만들어 노출 빈도를 높이는 것이었다. 서울에는 이런 업체들이 우후죽순 생겨나고 있었지만 광주에는 아직 존재하지 않았다. 그러니 사장님들에게도 그리 와닿는 세계는 아니었던 것이다.

나는 테스트를 해보기로 했다. 과학자처럼 가설을 세우고 검증을 해보는 것이다. 말하자면 '이게 될까?' 싶은 것을 실험해보고 '이게 되네!'를 도출할 수 있으려면 어찌됐건 시도해봐야 한다. 어차피 사장님들이 특별히 할 일은 없으니 내가 그냥 인터넷에 공유될 만한 맛집 추천 콘텐츠를 올리면 됐다. 사람들이 많이 모이는 카페에 관계자가 아닌 일반 손님이었던 것처럼 후기를 올렸다. 실제로 추천할 만한 맛집인 것은 사실이지만 홍보 목적이 노골적으로 드러나면 반감을 살 수 있기 때문에 적당한 콘셉트를 유지하며 솔직하고도 과하지 않은 추천의 글을 썼다. 물론 맛이 없는데 맛있다고 거짓말을 하진 않았다. 내가 생각하기에 정말 맛집이라 생각하는 가게만을 선별해 성심성의껏 후기를 올렸다.

효과는 즉각적으로 나타났다. 나의 추천 콘텐츠를 접한 사람들이 식당을 찾기 시작한 것이다. 사장님들은 너도 나도 인터넷에 홍보를 해달라고 요청해왔다. 돈 주고 정식으로 의뢰를 하겠다거나 술이나 밥을 사주겠다며 연락을 해오기도 했다. 그 순간 처음으로 '가치 있는 일'의 보람과 기쁨을 실감했다. 그동안은 나의 부와 성취를 바라보며 달려왔다면 이 일은 누군가의 성공을 돕고 이끌어준다. 나도 잘되고 남도 잘되게 하는 일. 심지어 내가 잘할 수 있는 일. 이거라면 새롭게 시작해볼 수 있을 것 같았다.

월급 700만 원을 버리고 다시 0원으로

"이렇게 안정적인 월급을 포기하겠다는 거야? 절대 안 돼."

월급 사장을 그만두고 본격적으로 온라인 마케팅 사업을 해보 겠다고 선포하자 아내의 반대가 극심했다. 삼겹살집을 성공적으 로 운영하면서 한 달에 700~800만 원이 통장으로 또박또박 들어 오고 있는데 이 모든 걸 등지겠다니 아내로서는 기가 찰 노릇이었 을 것이다. 게다가 삼겹살집은 아내와 내가 처음 만나 연애를 시 작하고 결혼까지 이르게 해준 애틋한 공간이었다. 이 사람과 함께 가정을 꾸려도 좋겠다는 결정에 내 안정적인 수입이 큰 영향을 미 쳤을 텐데, 막상 결혼을 하고 나니 아무 기반도 없이 새 사업을 시 작하겠다는 남편을 어떻게 환영하겠는가.

하지만 나는 이미 필요한 검증 과정을 거쳤다. 모든 정보와 콘 텐츠가 온라인으로 옮겨가고 있다는 현실 그리고 온라인이 오프 라인 상점의 영업과 긴밀하게 연결될 것이라는 예측을 몇 차례의 테스트를 거쳐 확신할 수 있었다. 온라인 마케팅 사업은 컴퓨터 한 대만 있다면 거의 무자본으로 창업할 수 있는 비즈니스모델이 다. 남을 이롭게 해주는 가치 있는 일을 하고 싶다는 마음을 담아 '이로운 마케팅'이라는 이름을 짓고 사업자등록을 했다. 당장은 사무실을 얻을 돈도 마땅치 않으니 사무실은 작은방에 꾸렸다. 초 라하지만 야심찬 시작이었다. 그리고 이 사업은 시작과 동시에 대박을 터트렸다.

첫 창업 후 첫 달에 매출 1000만 원을 기록했고, 컴퓨터 구매 등의 지출을 빼고 아내에게 순수익 500만 원을 안겨준 기억을 아직도 잊을 수 없다. 이후 회사는 계속 성장해 월 의뢰 건수가 30여 건에 이르렀고 월 매출은 1억여 원을 기록했다. 이 정도 규모의 온라인 마케팅 업체 평균 월 매출이 2000만 원 정도라는 걸 생각하면 엄청난 성공이었다.

극심하게 반대했던 아내도 이내 마음을 돌렸다. 이제는 본인이 파워블로거가 되어 스스로 온라인 채널이 되겠다고 나설 정도였다. 마음먹은 것은 끝까지 해내는 근성으로 아내는 정말 파워블로거가 되었고 부부가 함께 사업을 운영했다. 나는 주로 클라이언트를 찾아 업무를 받아오고 아내는 의뢰 내용을 바탕으로 콘텐츠를 생산하는 식으로 자연스럽게 업무분장이 이루어졌다.

선점효과는 대단했다. 이미 수많은 업체가 온라인 마케팅을 활용하고 있었지만 광주에는 아직 그것을 대행해주는 업체가 없었기 때문이다. 우리가 광주·전남권의 일은 죄다 쓸어왔다고 해도 과언이 아닐 정도로 찾는 사람이 많았다. 물론 먼저 시작한다고 해서 무조건 선점효과를 누릴 수 있는 것은 아니다. 선점효과를 누리려면 현실을 정확하게 파악하고 미래를 폭넓게 전망하는 눈이 필요하다. 똑같은 현실을 보더라도 남들과는 다른 관점에서 미래의 스펙트럼을 보다 넓게 바라볼 수 있어야 한다. 현재 일어나고 있는 변화를 인지하고 이 변화가 앞으로 어떤 방향으로 나아갈 것인지를 예측하고 시장을 찾아야 한다.

선점효과는 타이밍이 중요하다

한국의 스타트업 시장에 뛰어든 젊은이들의 고군분투를 다룬 드라마 〈스타트업〉에서 한 사업가가 '배달닷컴'이라는 사업 아이템으로 투자를 받는 장면이 등장한다. 주인공의 아버지가 벤처사업을 하던 시절을 회상하던 장면이라서 시기는 2000년대 중반으로 추정된다. 이 사업가는 배달 음식을 한눈에 볼 수 있도록 만들어진 지역의 배달정보지를 인터넷사이트로 옮겨, 인터넷으로 쉽게 배달 음식을 주문할 수 있도록 하는 사업 아이템을 구상한다. 드라마 전개상 투자는 성사됐으나 안타깝게도 이 사업가가 사망하면서 아이디어는 실제로 구현되지 못한 것으로 끝난다. 그런데 만약 이 아이디어가 2000년대 중반에 실제로 구현되었다면 어떻게 됐을까.

이미 인터넷쇼핑이 활성화되기 시작했던 시절이니 쇼핑하듯이 배달 음식을 주문한다는 아이디어는 시장에서 참신하게 받아들여졌을 것이다. 하지만 당시 인터넷은 컴퓨터 앞에 앉아야 접속할 수 있었고 배달 시장의 수수료, 배달 인력, 홍보와 영업, 정산 관련 전산시스템 등의 인프라가 지금만큼 갖춰지지 않았다. '배달의민족'이나 '요기요' 같은 배달앱의 성공은 스마트폰의 보급, 통신망의 확대, 전산시스템의 발전 등 적절한 사업 환경이 맞물려 이뤄진 성과다. 그러니 이 드라마 속 사업가의 '배달닷컴'이 실제로 구현되었다 해도 인프라 미비로 실패했을 가능성이 크다.

선점효과를 누리려면 너무 빨라도, 너무 늦어도 안 된다. 너무 빠르면 아직 수요가 창출되지 않았거나 인프라가 부족해서 실패하고, 너무 늦으면 해당 시장이 이미 레드오션이 되어 선점에 실패한다. 온라인 마케팅 사업을 성공적으로 꾸릴 수 있었던 요인은 여러 가지가 있었겠지만, 내가 빈틈을 공략했다는 것이 주효했다. 서울에서는 이미 레드오션인 아이템이라도 내가 활동하는 지역에서는 아무도 실행한 사람이 없다면 그것은 그 자체로 블루오션이다. 사업가에게는 시장을 폭넓게 보는 시야도 필요하지만 촘촘하게 분석하는 섬세한 시각도 필요하다.

고객은 또 다른 고객을 부른다

회사가 성장하고 클라이언트도 많아지면서 사무실을 마련하고 직원도 뽑았다. 가만히 있어도 일이 밀려드는 통에 너무 바빠서 사무실에 간판 하나 달 시간조차 없었다. 이렇게 사업체가 어느 정도 안정 궤도에 접어들면 이런저런 선택의 기로에 서는 상황이 생긴다. 나의 경우 지역에서 운영하다 보니 의뢰인의 사업체 규모가 영세하다는 점이 우리를 시험대에 오르게 했다.

마케팅 비용을 500만 원 주겠다는 사업체와 50만 원 주겠다는 사업체가 동시에 의뢰했을 경우, 대개 전자를 선택하고 후자를 반려한다. 클라이언트가 적을 때는 의뢰 비용이 얼마든 간에 무조건 수락하지만 회사가 자리를 잡고 인력 확보도 한계에 이르면 어느 정도 계산기를 두드려볼 수밖에 없다. 50만 원짜리 일보다는 500만 원짜리 일을 선택하는 게 상식적일 것이다. 하지만 나는 클라이언트의 사업체 규모나 의뢰 비용에 따라 차별을 두지 않았다. 아무리 영세한 상인이라도 비용의 많고 적음을 고려하지 않고 최선을 다해 맡겨진 업무를 수행했다.

외식업에서 단골이 생기고 단골이 또 다른 손님을 불러오는 효과를 생각해보라. 우리는 7000원짜리 국밥 한 그릇을 시킨 손님이든 3만 5000원짜리 해물찜을 시킨 손님이든 똑같이 최선을 다해 음식을 만들고 서비스한다. 오늘은 단가가 낮은 메뉴를 주문한 손님이 내일은 또 다른 손님과 함께 방문하고, 다음 달에는 세 명, 네 명의 손님을 불러올 수 있다. 설령 매번 혼자 국밥 한 그릇만 시키는 손님이라도 매일 우리 매장을 방문하는 단골이 될 수도 있다. 만족감을 경험한 고객은 결코 그 만족을 홀로 간직하지 않는다. 고객의 만족감은 확장되고 뻗어나간다.

따라서 클라이언트를 차별하지 않고 최선을 다하기로 한 선택은 내겐 너무나 당연했다. 우리 회사의 마케팅 서비스로 인해 좋은 결과를 얻은 소상공인들은 자발적인 영업에 나섰다.

"곧 매장 오픈한다며? 그럼 내가 강대표 연결해줄게. 이로운 마케팅에 믿고 한번 맡겨봐. 효과가 확실하다니까."

영업사원이 따로 필요 없을 정도로 저절로 고객이 고객을 부르고 또 그 고객이 고객을 불렀다. 때론 당장의 이익이나 효율만을 따져서 계산기를 두드리는 것보다, 신념을 잃지 않고 우직하게 내 선택을 믿고 나아가는 힘이 더 큰 성장을 이끈다. 사업을 통해 돈을 벌고 싶다면 사람의 마음을 사는 게 먼저다.

3

디저트 사업의 시작,
타르타르

시장은 논리적이지 않다

클라이언트와의 미팅이 코앞인데 밥 먹을 시간이 없었다. 일이 너무 많아 일주일에 100시간씩 일하는 날들이 이어지고 밥 한 끼 제대로 먹은 게 언제인가 싶을 정도로 바빴다. 운전하면서 대충 김밥 한 줄로 때워야겠다는 생각으로 단골 김밥집에 들렀다. 그날 따라 정신없어 보이는 내가 안쓰러웠는지 사장님은 김밥 한 줄에 김치를 같이 싸줬다. 꾸벅 인사를 하고 나와 운전석에서 김밥을 욱여넣었다. 미팅 시간이 가까워지니 마음이 급해졌다. 한 손으로 운전대를 잡고 한 손으로 김치를 입에 넣으며 운전을 하다가 브레이크를 밟고 그만 김치를 엎질러버렸다. 하얀 와이셔츠에 빨간 김치 국물이 번졌다. 옷에 김치 국물을 묻히고 다니는 사장이라니. 젠장. 당장 옷을 갈아입을 시간도 없었다. 어쩔 수 없이 그 상태로 미팅에 들어가 클라이언트에게 양해를 구했다.

"아니, 운전하면서 밥 먹을 정도로 바빠요? 찾는 사람이 엄청

많은가 보네. 믿고 맡길 수 있겠어요."

뜻밖에도 클라이언트는 빨간 얼룩을 열정적인 사업가의 훈장으로 받아들였다. 계약은 성공적으로 진행됐다. 결과적으로 모든 일이 잘 풀렸는데도 어쩐지 마음이 편치 않았다.

그 무렵 나는 끊임없이 소진되고 있었다. 사무실을 확장했고 직원은 25명까지 늘었다. 매일 미팅과 계약이 이어지고 사업은 계속해서 흥하고 있었다. 그런데도 어쩐지 행복하지 않았다. 겉으로는 모든 게 별 탈 없이 잘 흘러가는 것처럼 보였지만 사실 속은 썩어가고 있다는 걸 알았기 때문이다. 장독대에 금이 가기 시작하면 겉으로는 보이지 않다가도 어느 순간 단번에 팡! 하고 깨져버리듯이, 조직의 균열은 천천히 그리고 위협적으로 사업체를 위험에 빠트린다. 사업이 커지고 조직의 몸집이 커지자 내부의 문제들이 여기저기서 터져 나왔다.

직원이 10명 정도 됐을 때는 어느 정도 조직 컨트롤이 가능했는데 그 이상이 넘어가자 인력관리가 어려워졌다. 당장 실무에 투입해야 할 인력을 들이다 보니 중간관리자급이 없었다. 나 혼자 계약을 따오고 직원관리까지 하기에 버거운 상황이 된 것이다. 직원들은 주어진 일을 쳐내기에만 급급했고 제대로 된 평가체계가 없으니 업무 효율은 계속 떨어졌다. 이 모든 건 사장으로서 내 그릇이 모자랐기 때문일 것이다. 일은 앞으로 더 많아질 테고 회사는 계속 성장해야 하는데 이런 식으로 끌고 가고 싶지 않았다. 결단을 내릴 때가 왔다. 이대로 안주하다가는 영혼 없는 직원들과 공장처럼 돌아가는 회사에 발이 묶일 것이다. 나는 또다시 새로운 길을 찾아 떠나기로 했다.

"에그타르트를 팔겠다고? 그건 이미 한물갔어. 백퍼 망하는 아이템이야."

새로운 사업 아이템으로 에그타르트를 정했다고 했을 때, 주변의 모든 사람들이 이렇게 말렸다. 한때 지하철 역사 내에서 파는 1500원짜리 에그타르트 열풍이 이미 지나갔다는 것이다. 틀린 말은 아니었다. 무엇이든 쉽게 뜨고 지는 외식업 생태계에서 에그타르트는 이미 퇴출된 지 오래였다. 하지만 나는 시장의 변화를 지켜보고 있었다. 근거 없는 결정이 아니었으니, 사람들 말을 들을 이유가 없었다.

2015년 당시 디저트 시장은 해마다 25퍼센트씩 성장하고 있었다. 사람들은 2500원짜리 김밥을 먹고 6000원짜리 디저트를 사 먹었다. 스타벅스가 한국에 진출하고 프랜차이즈 커피 전문점이 크게 성장하면서 밥보다 비싼 커피를 사 먹는다며 놀라워하던 때를 지나, 이제 그 시장이 디저트로 확대되고 있었다. 이제는 6000~7000원짜리 커피도 자연스럽게 받아들이는 시대다. 카페가 단순히 커피를 마시기 위한 매개가 아닌 소셜 라이프를 실현하는 공간이 되면서 사람들은 카페에서 점점 더 많은 시간을 보내게 됐다. 머무는 시간이 길어지면서 커피 한 잔 이상의 즐길 거리가 필요하게 됐고 자연스럽게 커피와 가장 어울리는 디저트가 그 자리를 차지했다.

애초에 밥보다 비싼 커피, 밥보다 비싼 디저트를 먹는다는 게 논리적으로 말이 안 되는 것처럼 보인다. 경제성 측면에서 보자면 앞뒤가 맞지 않아 보이지만 소비는 단순히 경제성을 기준으로 이뤄지지 않는다. 소비에는 여러 사회문화적 요소와 맞물려 작용하고 개인의 욕망은 합리성을 능가한다. 니즈가 수요를 만든다고 생각하지만 진짜 시장을 주도하는 건 잠재된 욕망을 수면 위로 끌어올려 니즈를 발굴하는 사람들이다. 존재하는 줄도 몰랐던 욕망을 소비와 연결시키는 것은 변화의 흐름을 읽어내는 눈이다. 그런 흐름을 읽지 못하면 어느 날 갑자기 세상이 바뀐 것처럼 느껴지지만 한 걸음만 앞서서 보려고 하면 또렷하게 보인다.

몇 년 전, 아내와 함께 홍콩에 갔을 때의 일이다. 파워블로거로 열심히 활동하고 있던 아내가 홍콩에 유명한 베이커리가 있다며 그곳에 방문해 후기를 꼭 올리고 싶다고 고집을 피웠다. 그곳의 에그타르트가 그렇게 유명하고 맛있으니 꼭 먹어보고 싶다는 것이다. 찾아보니 기본 한 시간 이상 줄을 서야 살 수 있을 정도로 인기가 많은 곳이었다. 생전 먹어본 적도 없는 에그타르트 하나를 사자고 이 덥고 습한 홍콩의 날씨 속에서 한 시간 이상 줄을 서야 한다고? 커피나 디저트를 딱히 좋아하지도 않던 나는 썩 내키지 않았지만 아내의 성화에 그 유명하다는 타이청 베이커리로 향했다.

에그타르트는 과연 엄청난 맛이었다. 줄을 서는 게 너무 힘들어서 손바닥만 한 디저트 하나 때문에 이렇게까지 해야 하나 슬슬 짜증이 몰려오고 있던 참이었다. 타르트를 한입 베어 문 순간, 그동안의 짜증이 싹 사라졌다. 아, 사람들이 이렇게 몰려드는 이유가 있구나.

디저트 시장이 변화하고 있다는 것을 알았을 때 나는 곧장 홍콩의 에그타르트를 떠올렸다. 한국에서 에그타르트가 이미 망한 아이템이라는 것은 분명한 사실이었다. 하지만 홍콩에서는 이렇게 홍콩에 온다면 누구나 꼭 먹어봐야 할 정도로 인기를 누리고 있다. 무엇이 달랐을까. 왜 한국에서는 반짝 인기를 얻고 사라졌고 홍콩에서는 지역의 대표 관광상품이 됐을까. 분명 에그타르트라는 아이템 자체의 문제는 아니었다. 이 맛을 한국에서도 재현할수 있다면, 한국의 소비문화와 적절하게 맞물릴 수 있다면 디저트 시장이 성장하려는 이 시점이야말로 가장 적절한 타이밍이라고 봤다.

사람들의 소비 패턴이 이렇게 변화하고 있으니 나는 그보다 먼저 앞서나가야 한다. 이건 이미 망했으니까 패스, 저건 유행 지났으니까 패스. 이래서는 아무것도 시작할 수가 없다. 하늘 아래 새로운 것은 없다고 했다. 기존에 있던 것을 조합하고 연결하는 힘으로 스티브 잡스는 아이폰을 만들었다. 이 힘은 세상 어디에나 적용된다. 소비자는 늘 그곳에 있다. 내 상품이, 내 서비스가 그들에게 어떻게 다가서냐의 차이만 있을 뿐이다.

해보지 않으면 그 누구도 알 수 없고 재단할 수 없다. 나는 이번에도 가설을 세우고 검증을 해보기로 했다. 모두가 안된다고 하는 데에는 이유가 있을 것이다. 그렇다면 나는 '안되는' 이유를 찾아 없애고 '되는' 방법을 찾을 것이다.

장애물 앞에서 포기하지 말 것

사실 나는 디저트를 좋아하지 않는다. 전형적인 아저씨 입맛이라서 케이크나 쿠키처럼 달달한 디저트류를 내 돈 주고 사 먹어본 적도 별로 없다. 보통 외식업을 시작할 때는 자신이 가장 좋아하는 것을 팔기 위해 노력한다. 커피를 좋아해서 카페를 창업하고, 빵을 굽는 재주가 뛰어나 베이커리를 오픈한다. 낙지찜을 기가 막히게 잘하는 사람은 낙지전문점을, 회 뜨는 솜씨가 뛰어난 사람은 횟집이나 일식집을 생각한다. 자신이 가장 잘 알고 잘 만드는 것을 파는 건 아주 자연스러워 보인다.

하지만 오너 스스로 메이커가 되지 않아도 외식업은 성공할 수 있다. 내가 무엇을 좋아하는지보다 다른 사람이 무엇을 좋아하는지에 관심이 많다면 우리는 얼마든지 그 욕망을 소비로 이끌어 올 수 있다. 스티브 잡스도 핸드폰을 만드는 사람이 아니었고, 삼성의 이재용 부회장도 직접 냉장고를 만들지는 않는다. 나는 디저트를 좋아하지 않지만, 사람들은 특히 여성 고객들은 디저트를 좋아한다. 이것은 이미 수치로 증명된 사실이었다. 그렇다면 소비자가 좋아하는 것을 내가 어떻게 제공할 것인지 고민하는 것부터 시작하면 된다.

수많은 디저트 중에 에그타르트를 팔아보기로 결정했으니 구체적으로 에그타르트 시장의 규모가 얼마나 되는지, 상품으로서의 매력과 가치가 어느 정도 되는지 본격적으로 리서치를 시작했다. 이 프로젝트는 지인인 송승한 대표가 진두지휘해줬다. 아르바이트 구인 사이트에 창업 리서치팀을 모집한다는 공고를 올렸다. 대학생들에게 좋은 경험이 되는 기회였기 때문에 리서치팀은 어렵지 않게 구성됐다. 연세대 경영학과 학생 3인으로 구성된 이 팀은 한 달 동안 온라인 시장조사와 함께 전국 방방곡곡을 돌며 에그타르트 판매 업장을 찾아가 직접 맛보고 경험하며 데이터를 만들어나갔다.

이 리서치팀이 조사한 자료들은 방대했다. 방대한 자료 속에서 방향을 찾기 위해서는 정량적인 자료와 함께 정성적인 분석도 중요하다. 팀원들이 모두 모여 머리를 맞대고 브레인스토밍을 하면서 우리가 나아가야 할 방향을 조금씩 좁혀나갔다. 리서치팀의 자료에 의하면 에그타르트 시장은 생각보다 크지 않았다. 디저트 시장은 성장하고 있었지만 그중에 타르트 시장은 그리 크지 않았던 것이다. 내가 아주 똑똑한 사람이었다면 여기서 발을 뺐을 것이다. 유효 시장이 이렇게 작다는 정량적 지표가 나왔는데도 사업을 하겠다는 건 무모한 도전으로 보일 테니까.

나는 다행히(?) 그 정도로 똑똑하지 못했다. 리서치팀을 꾸려 시장조사를 한 것은 이 사업을 할 것인지 말 것인지 결정하기 위함이 아니었다. 내 판단을 보다 다면적이고 입체적으로 보기 위한 다양한 관점과 정보가 필요했던 것이다. 물과 기름은 섞이지 않는다는 절대적 진리를 아는 사람은 그것을 섞으려는 시도조차 하기 어렵다. 어쩌면 나는 무지하고 무모했기 때문에 정해진 법칙에 굴하지 않고 도전할 수 있었던 것 같다. 때로는 지나치게 많은 지식과 정보가 실행에 걸림돌이 되기도 한다. 세상에 절대적인 것은 없다.

나는 '레드팀'을 적극적으로 활용했다. '레드팀'이란 검증되지 않은 가설에 도전하고 맹점을 파악해 취약점을 찾아내는 일종의 반대급부 그룹을 말한다. 본래 전쟁에서 상대를 이기기 위한 전술적 개념으로 쓰인 용어였지만 현대에 이르러 비즈니스, 안보, 외교, 마케팅, 해킹, 군대 등 다양한 영역으로 활용 범위가 확장되었다. 리서치팀의 조사결과는 그 자체로 레드팀이 되었다. 에그타르트를 창업 아이템으로 상정한 상태에서, 에그타르트가 왜 성공할 수 없는지에 관한 답이 가득했기 때문이다. 모두가 이 아이템은 성공할 것이라는 긍정회로를 돌리고 있을 때, 그렇지 않을 수 있다는 부정적 자료들이 끊임없이 제시된다면 어떻게 해야 할까. 아이템을 포기하거나, 장애물로 제시된 것들을 하나씩 쳐내면서 앞으로 나아가거나. 둘 중 하나다.

내가 여기서 발을 빼지 않고 밀어붙인 이유는 레드팀이 발견한 부정적 자료가 사업의 정당성을 없애는 근거가 아니라 언젠가 직면하게 될 취약점을 미리 알려주고 대비할 수 있게 하는 가이드 역할을 한다고 받아들였기 때문이다. 레드팀은 당신의 사업계획에 태클을 거는 존재가 아니다. 오히려 발생 가능한 리스크를 미리 발견해 이에 대처할 수 있게 해준다. 미국외교협회 선임연구원 마이카 젠코는 그가 쓴 책《레드팀》에서 레드팀의 중요성에 관해 이렇게 이야기한다.

"직장에서 반대 의견이 없는 완벽한 의견 일치가 이상적으로 보일 수도 있겠지만 리더가 반대 의견과 확산적 사고를 받아들이지 않을 때 그들은 실패가 현실화될 수 있는 환경을 만들어가고 있는 것이다. 레드팀은 그러한 실패를 예측할 수 있도록 해주어 궁극적으로 실패를 방지해주는 수단이 될 것이다."

생각보다 많은 사람이 중요한 사업적 결정을 직관적 판단에 의존한다. 직관은 때로 창의적인 아이디어로 이어지기도 하고 뚝심 있게 밀고 나가는 추진력이 되기도 한다. 하지만 사업은 아이디어나 추진력만으로 성공할 수 없다. 리스크를 줄이기 위해서는 기획 단계에서 핵심 위험 요소를 최대한 제거해야 사업을 개시했을 때 성공 확률을 높일 수 있다. 그러기 위해서는 철저한 조사와 분석이 선행되어야 하고 반대급부의 부정적인 의견들을 적극적으로 수용하며 취약점을 보완해야 한다.

시장에서 타르트가 차지하는 비중이 적다면, 메뉴의 대중화를 위해서는 메뉴를 확대해야 한다. 에그타르트라는 단일 품목에 집중하기보다는 과일, 견과류, 초콜릿 등 다양한 재료를 응용한 상품을 개발해 고객의 선택지를 넓혀보기로 했다. 안 그래도 디저트 시장 안에서 타르트의 시장성이 높지 않은데 메뉴를 한정하면 시장은 더욱더 좁아질 것이다. 그때 우리가 시장분석을 제대로 하지 않았다면 결국 에그타르트 전문점을 차리고 시원하게 말아먹었을지도 모른다.

타르타르, 성공의 법칙

광주 수완지구의 후미진 24평 상가에 권리금 500만 원과 에어컨 한 대 값만 가지고 '타르타르'를 오픈했다. 메뉴는 에그타르트를 중심으로 하되 다양한 과일타르트로 확장했다. 작은 매장에서 쉼 없이 오븐이 돌아갔다. 그리고 3개월 뒤 우리는 투자금을 모두 회수했다. 월 매출액은 6000만 원에서 1억 3000만 원까지 올라갔다. 모두가 이미 실패한 아이템이라며 말렸던 바로 그 에그타르트는 '꽃보다 아름답다'라는 캐치프레이즈 아래 화려하게 꽃 피웠고, 매장 앞에는 매일 타르트를 사기 위한 줄이 길게 늘어섰다.

상품에 가치를 담다

외식업에서 성공하기 위해 가장 중요한 것은 상품이 주인공이 되어야 한다는 사실이다. 인테리어, 입지, 마케팅, 서비스 등 중요한 요소가 많지만 음식을 파는 곳에서 음식이 별로라면 성공할 수 없다. 화려한 외관에 힘입어 반짝 인기를 누릴 수는 있어도 결코 오래 살아남지 못한다.

그래서 창업을 결정하고 가장 먼저 한 일은 파티시에를 모셔오는 일이었다. 마음 같아서는 호텔 출신 파티시에에게 거금을 제안해 스카웃해 오고 싶은 심정이었지만, 아직은 그럴 돈도 없는데다 그렇게 실력 있는 사람이 서울의 커리어를 다 포기하고 지방의 작은 매장에 올까 싶었다. 결국 내가 내밀 수 있는 카드는 열정과 진정성이었다. 잡코리아 인재 서치를 통해 이랜드 외식파트에서 일했던 유명 파티시에를 만났다. 나는 일단 노트북을 켜고 PPT 파일을 띄워놓고 프레젠테이션을 시작했다. 나는 이 비즈니스를 통해 꼭 성공하고 싶다고, 나만 성공하는 게 아니라 같이 일구고 다 같이 잘 먹고 잘 살고 싶다고, 당신이라면 이 사업을 잘 해낼 수 있을 것 같다고 열변을 토했다. 아직은 타르트 시장이 크지 않지만 바이럴 마케팅 하나는 자신 있고, 급여나 인센티브는 최대한 만족할 수 있게끔 지급하겠다고 거듭 강조했다.

무려 두 시간에 걸친 프레젠테이션이 끝나자 셰프는 두말없이 계약서에 도장을 찍었다.

"면접 자리에서 이렇게 프레젠테이션을 받아보기는 처음이에요. 사람들은 늘 저를 이용하고 쉽게 내쳤는데 사장님이라면 비전이 있을 것 같네요. 사장님을 믿고 해보겠습니다."

셰프의 손에서 청포도타르트, 딸기타르트, 호두타르트, 오렌지타르트 같은 것들이 만들어졌다. 과일로 장식된 타르트는 보고만 있어도 군침이 흐르고 그 자체로 너무나 아름다웠다. 직원들이 카메라를 들이대기 시작했다. 모두가 말을 잇지 못하고 그 아름다움을 사진에 담기 위해 분주히 움직였다. 바로 그때 '꽃보다 아름답다'라는 브랜드 캐치프레이즈가 탄생했다.

맛있는 타르트, 예쁜 타르트, 자랑하고 싶은 타르트, 선물하고 싶은 타르트…. 구구절절 설명하는 것으로는 고객에게 우리 브랜드의 정체성을 전달하기가 쉽지 않다. 브랜드의 정체성을 간결한 문장에 담아 캐치프레이즈로 만들면 고객은 그 문장 안에서 수많은 이미지들을 상상하게 된다. '꽃보다 아름다운 타르트'라는 말 속에는 우리가 추구하는 가치의 핵심이 담겨 있었다. 눈으로 먼저 즐기는 타르트라는 이미지는 즉각적으로 식욕을 자극하고 소비를 촉진하는 효과를 가져왔다.

미국의 인지심리학자 제임스 깁슨은 어떤 형태나 이미지가 행위를 유도하는 힘, 어포던스(Affordance: 행동 유도성)에 관해 이야기한다. 어포던스란 어떤 대상을 봤을 때 특정한 지시나 설명 없이도 자연스럽게 그 행동을 하게 만드는 힘이다. 예를 들어 의자가 놓여 있으면 앉게 되고 손잡이가 있으면 손잡이를 돌려 열고자 하고 전원 버튼이 있으면 눌러서 켜거나 끄게 되는 것이다. 타르타르의 타르트는 보기만 해도 카메라를 꺼내들어 사진을 찍게 하는 '포토 어포던스'를 발휘했다. 아름답고 인상적인 대상이 있으면 그 이미지를 소유하고 공유하고 싶어 하는 소비자들의 욕구를 정확히 꿰뚫은 것이다. 타르타르의 제품들은 고객들의 카메라에 담겨 와이파이를 타고 SNS로 흘러들어갔다. SNS의 사진들은 눈이 되고 발이 되어 또 다른 고객들을 계속해서 불러들였다. 어느 순간 매장 앞에는 길고 긴 줄이 끊임없이 이어졌다.

선물은 고급스러워야 하니까

매장이 협소해서 홀 손님을 많이 받을 수 없다는 한계를 극복하기 위해 우리는 테이크아웃에 용이한 패키지를 개발했다. 한 손에 간편하게 들 수 있도록 손잡이를 만들고 '꽃보다 아름답다'는 캐치프레이즈에 걸맞은 디자인으로 테이크아웃용 박스를 만든 것이다. 타르트 자체도 아름다운데 패키지까지 깔끔하다 보니 집들이, 병문안, 생일, 각종 파티 등에 부담 없이 들고 갈 만한 선물이 되었다.

타르타르의 제품들은 타르트 하나에 5000원에서 6000원 정도로 단가가 높은 편에 속했다. 커피 한 잔과 타르트 하나만 사 먹어도 만 원이 훌쩍 넘어갔다. 일상적으로 매일 먹기에는 부담스러운

가격일 수 있지만 선물용으로는 오히려 고급스러우면서도 부담
스럽지 않은 아이템이 될 수 있었다. 한 달에 6000만 원에서 1억
3000만 원까지 매출을 올릴 수 있었던 것은 기본적인 객단가가
높기 때문이기도 하지만, 바로 이렇게 타르트가 가성비 좋은 선물
아이템이 된 덕분이기도 했다. 매장에서 먹어보고 친구에게 권하
고 가족에게 선물하고 싶으면 나갈 때 양손 가득 포장해 갈 수 있
었던 것이다. 또 고객들이 머물지 않고 바로 사서 나가니 회전율
도 좋았다.

사람들이 타르타르의 선물박스를 들고 돌아다니는 것은 그것
자체로 움직이는 광고판이 됐다. 패키지가 워낙 예쁘다 보니 박스
에 저절로 눈이 가고, 저 아름다운 물건의 정체는 무엇인가 궁금
해지고 브랜드를 알게 되고 매장 방문으로까지 이어진 것이다. 패
키지가 예뻐서 궁금한 마음으로 와봤다고 말하는 손님들도 많았
다. 좋은 디자인은 생각보다 힘이 세다. 선물용으로 제품을 기획한
다면 패키지 디자인에 심혈을 기울여야 한다. 그렇다고 '예쁜 쓰
레기'를 만들라는 것은 아니다. 좋은 디자인은 '예쁜 것'이 아니라
'내 브랜드 콘셉트와 정체성이 잘 드러나면서 시각적으로도 아름
다운 것'이다. 단순한 종이박스로 보이는 선물용 상자 하나에도
'자기다움'을 담기 위해 많은 고민이 이뤄져야 한다. 시간이 흘러
도 자신만의 색깔을 잃지 않는 브랜드만이 오랫동안 사랑받는다.

한정 판매라는 도전

로버트 치알디니는 세계적인 베스트셀러《설득의 심리학》에서 구매나 기부, 허락, 투표, 동의 등을 요청할 때 어떻게 하면 상대의 마음을 얻고 설득할 수 있는지에 관해 여덟 가지 원칙으로 정리해 설명한다. 이 가운데 내 눈을 사로잡은 것은 일곱 번째 원칙, 바로 '희귀성의 원칙'이었다. 사람들은 아무 때나 어디서나 얻을 수 있는 것보다는 구하기 어렵고 희소성이 높은 대상에 열광한다. 얻는 것에 대한 만족감보다 잃는 것에 대한 상실감을 더 크게 느끼기 때문이다.

쉬운 예로, 책을 잔뜩 사놓고 읽지 않는 사람들은 영원히 그 책을 읽지 않을 가능성이 높다. 내가 소유하고 있고 손 내밀면 닿을 거리에 있으니 언제든 읽을 수 있다는 생각에 계속해서 독서를 미루는 것이다. 하지만 도서관에서 책을 빌린다면 정해진 대출 기간이 있으므로 어떻게든 기한 내에 읽으려고 노력한다. 구입한 책과 빌린 책은 책이 가진 가치 자체는 다르지 않지만 시간이라는 작은 제약이 '읽는다'는 행동을 더 적극적으로 이끄는 것이다.

영업시간 중 어느 때라도 마음만 먹으면 맛있는 타르트를 살 수 있는 매장과 특정 시간대에만 살 수 있는 가게가 있다면 사람들은 어디로 갈까? 먹고 싶다는 욕구가 아주 강하지 않더라도 획득 과정이 까다롭고 제약이 많을수록 사람들은 그것을 특권으로 인식

한다. 나는 타르트가 나오는 시간을 정해뒀다. 오전 11시부터 오후 2시까지만 제품을 판매했더니 사람들이 그 시간 안에 타르트를 사기 위해 매장 앞에 긴 줄을 서기 시작했다. 그리고 다음 출고 시간은 오후 4시부터 6시였다. 2시까지 타르트를 사지 못하는 손님들은 아쉬움에 발길을 돌려야 했지만 그만큼 제품에 관한 호기심과 구매욕은 더 커졌다.

손님들이 줄을 선다는 것에서 전시 효과도 누릴 수 있었다. 당시 지방의 매장에서 무언가를 먹기 위해 줄을 서는 모습은 흔치 않은 장면이었다. 사람들은 '도대체 뭐길래, 도대체 무슨 맛이길래' 줄까지 서면서 먹는지 궁금해했다. 호기심은 실제 방문으로 이어졌고 줄이 길어질수록 새로운 고객들의 호기심을 더 강하게 자극했다. 사람들이 몰리자 쇼케이스 앞에서 서로 먼저 집었다며 싸우기도 하고 앞사람이 내가 원하는 것을 집어가지 않을까 전전긍긍하는 모습을 보이기도 했다. 그야말로 치열한 구매 경쟁이 이루어진 것이다.

한번은 어떤 중년의 손님이 줄을 서면서 격렬하게 항의를 했다. 아침부터 줄을 서서 기다리는 게 너무 힘들었던 모양인지 "빵 쪼가리 하나 팔면서 사람을 이렇게 고생시키냐"라며 짜증을 내기 시작한 것이다. 투덜투덜 불만을 쏟아내던 손님은 "다시는 안 오겠다"라며 분을 참지 못했다. 그런데 며칠 뒤 길게 늘어선 줄에 낯익은 얼굴이 보였다. 그 손님이 모자를 푹 눌러쓰고 조용히 매장 앞에 줄을 선 것이다. 빵 쪼가리 하나 먹기가 이렇게 힘들다며 다시는 안 오겠다고 엄포를 놓았지만, 막상 타르트를 먹어보니 다시 오지 않을 수 없었던 모양이다. 손님에게 줄 선 보람이 있어서 다행이다.

고정관념을 깬 아이디어

스타벅스에서 커피와 디저트를 사 먹어보려고 매장에 들어섰다. 외식업을 시작한 이후로는 언제나 모든 것을 유심히 관찰하는 습관이 생겼다. 그날도 카운터 앞에서 주문을 기다리며 매장 안의 사람들이 뭘 먹는지, 뭘 하는지 둘러보고 있었다. 그런데 내 앞에서 주문을 하던 손님이 디저트 쇼케이스를 다급하게 훑더니 주문하시겠냐는 직원의 질문에 "아, 네, 저기 (케이크를 한 번 쳐다보고) 저 케이크, (카운터 앞에 대기 중인 손님들을 한 번 쳐다보고) 아니 마카롱 (주변을 두리번거리며) 아니, 그냥 아이스아메리카노 하나 주세요" 하고는 서둘러 계산을 마치고 테이블로 향했다.

스타벅스에도 커피 메뉴 말고 샌드위치, 머핀, 케이크, 마카롱 등 다양한 사이드메뉴를 판매하는데 왜 저 손님은 쇼케이스를 보다가 그냥 커피만 주문했을까. 딱히 마음에 드는 메뉴가 없어서였을 수도 있지만 혹시 마음에 드는 메뉴를 고를 충분한 시간이 없었던 건 아닐까? 보통 디저트나 사이드 메뉴를 함께 판매하는 카페에서는 쇼케이스를 주문카운터 옆에 배치한다. 그러면 메뉴를 선택하려고 둘러보다가도 뒤에 다음 손님이 주문을 기다리고 있으면 마음이 급해지고 눈치가 보여서 빨리 주문하고 물러서줘야 한다는 압박감을 느낀다.

그때 온라인 마케팅 회사를 할 때 클라이언트 중 하나였던 주얼리 업체를 떠올렸다. 일명 스·드·메(스튜디오 촬영, 드레스, 메이크업)를 준비하기 위해 웨딩 전문숍을 돌게 되는데 보통 그 과정에서 스튜디오 촬영에 필요한 액세서리를 대여하기 위해 주얼리 매장에 방문한다. 매장은 오직 주얼리들을 집중해서 둘러볼 수 있도록 꾸며져 있었다. 깨끗한 유리장 속에서 반짝반짝 빛나는 액세서리들이 웅장한 자태를 자랑했다. 이 매장에서는 주얼리를 보여주기 위한 쇼케이스가 주인공이었다. 그래서 주얼리 쇼케이스는 매장의 중앙에 놓여 있었는데 그 시각적 효과는 실로 대단했다. 대여를 위해 방문한 예비부부들은 진열된 액세서리들을 천천히 둘러보며 필요한 아이템을 골랐다. 우리 매장의 타르트도 꽃처럼 아름답고 보석처럼 빛나는데 이렇게 하지 못할 이유가 있을까?

나는 주얼리 매장처럼 타르트 쇼케이스를 매장의 중앙 통로, 가장 잘 보이는 곳에 배치했다. 주문을 기다리는 다음 손님 때문에 마음이 급해지고 눈치가 보여서 메뉴를 제대로 고를 수 없는 일이 발생하지 않도록 충분한 시간을 주고 싶었다. 마치 뷔페식당에서

'꽃보다 아름답다'라는 캐치프레이즈를 그대로 표현한 타르트

매장 중앙에서 고객이 직접 타르트를 고를 수 있게 만든 쇼케이스

그 자체로 선물이 되는 테이크아웃 박스. 박스 중앙을 투명하게 해서 제품이 작품처럼 보이도록 제작했다.

2016년 타르타르 1호점인 광주 수완점 오픈 초기 사진이다.

먹고 싶은 것을 마음껏 담는 것처럼, 트레이에 원하는 타르트를 마음껏 담을 수 있게 한 것이다. 주문카운터에서 타르트를 주문했다면 한 개만 샀을 텐데, 뷔페처럼 차려져 있는 기다란 진열대를 훑어가면 구매욕은 점점 더 커져서 자기도 모르게 두 개, 세 개씩 담는 사람이 늘었다. 시간적인 여유를 갖고 편하게 고를 수 있고 시각적인 자극이 오래 지속되기 때문이다. 타르트가 화려하고 색감이 알록달록했기 때문에 진열된 타르트 자체가 매장 인테리어의 한 요소로 작용한 것은 덤이다.

아무리 작은 부분이라도 약간의 개선이 더해지면 결과는 크게 달라질 수 있다. 관점디자이너를 자처하는 박용후 작가의 책《관점을 디자인하라》에서는 이러한 관찰을 통한 관점 뒤집기의 중요성을 강조한다. "사물을 바라보는 관점을 고정시키지 않고 열어두는 것만으로도 전에는 보지 못했던 새로운 세계를 볼 수 있다." 우리가 안다고 생각하는 고정관념의 틀을 벗어나라는 조언에서 나는 주얼리 매장의 쇼케이스를 떠올렸다. 디저트를 주문할 때 카운터 옆에 놓인 쇼케이스에서 메뉴를 미리 고르고 그것을 지목해야 하는 통상적인 시스템은 손님들에게 불편을 주고 있었다. 그것이 작은 불편이라 할지라도 쇼케이스가 주문카운터 옆에 있어야 한다는 고정관념을 깨고 새로운 시도를 하자 문제해결과 함께 매출 증가라는 뜻밖의 소득까지 얻을 수 있었다. 나만의 관점으로 세상을 바라본다면 나의 세계는 달라진다.

비어 있는 시장을 찾는 방법

● 시장조사, 어떻게 시작할까?

디저트 시장이 매년 25퍼센트씩 성장한다는 걸 알게 된 것은 철저한 시장조사 덕분이었다. 에그타르트라는 단독 제품만 두고 봤을 때는 이미 한물간 사업 아이템이지만, 디저트 시장 전체의 흐름 속에서는 성장 가능성이 다분한 새로운 아이템이라는 걸 발견할 수 있었다. 시장조사는 사업가를 새로운 아이디어로 데려가기도 하고 시행착오의 확률을 낮춰주기도 한다.

누구나 사업을 시작하기 전에 시장조사가 필요하다는 걸 알지만, 어디서부터 어떻게 해야 하는지 방법을 몰라서 우왕좌왕하는 경우가 많다. 사업 아이템을 정해두고 경쟁업체만 조사한다든지, 입점할 상권의 유동 인구만 살펴보는 것으로 그치기도 하는데 그것만으로는 제대로 된 시장조사를 했다고 보기 어렵다. 시장조사에서 가장 핵심은 지금의 시장이 어떻게 움직이고 흘러가고 있는지 그 흐름을 파악하는 것이다. 내가 계획한 사업 아이템이 현재 시장에서 어떤 움직임을 보이고 있는지, 시장 규모는 어느 정도인지, 성장 가능성은 얼마나 되는지 확인하고 미래 시장을 전망할 수 있어야 한다. 그러기 위해서는 단편적인 정보만을 파악한 뒤 긍정회로를 돌려 내 사업의 근거를 무리하게 끼워 맞추지 않도록 주의해야 한다.

● 정보의 홍수 속에서 나만의 사업 아이템 찾기

세상이 좋아져서 정보를 얻을 수 있는 채널이 거의 무한대에 가깝다 보니, 가만히 앉아서 인터넷으로 모든 것을 다 해결하려는 사람들이 많다. 반대로 전국 팔도 방방곡곡을 직접 누비며 현장을 확인하는 것만이 시장조사라고 생각하는 사람도 있다. 물론 두 가지 방법 모두 맞다. 그리고 반드시 둘 다 실행해야 한다.

정보를 찾고 현장을 확인하는 것은 시장조사의 기본 중의 기본이다. 각종 미디어와 데이터를 통해 정보를 찾을 때는 단순히 수치만을 확인하는 데 그쳐서는 안 된다. 숫자와 도표, 그래프 사이의 행간을 읽을 줄 알아야 한다. 막상 이런저런 정보를 찾았는데 생각보다 새로운 게 없어서 당황할 수도 있다. 그러나 앞서 말했듯이 하늘 아래 새로운 것은 없다. 기존에 있던 것들을 얼마나 새롭게 융합하고 연결하느냐에 따라 정보의 가치는 달라진다. 같은 것을 다르게 보고 나만의 관점으로 해석해내는 힘이 낡고 오래된 것으로부터 혁신을 발견하게 한다.

최근 성공한 스타트업들의 사례에서도 그런 경향이 뚜렷하게 드러난다. 인터넷이나 모바일로 돈을 송금하는 서비스는 이미 존재하는 것이었지만 '토스'는 그것을 하나의 앱으로 모두 연결한다는 아이디어로 소위 대박을 터뜨렸다. '직방'은 부동산 중개라는 전통적인 비즈니스모델을 모바일로 옮겨 기존의 부동산 중개 서비스에 혁신을 가져왔다. 실제 생활하는 공간의 인테리어를 소개함과 동시에 보는 즉시 인테리어 아이템을 구입할 수 있고 인테리어 견적까지 비교해볼 수 있도록 만든 '오늘의집'은 최신 라이프스타일 트렌드를 선도하는 기업으로 거듭나고 있다. 이런 사업 모델의 원형은 결코 새로운 것이 아니었다. 이미 존재하는 서비스들에서 개선할 방법을 찾고 고객의 니즈를 좀 더 정확하게 찾고자 하는 노력 속에 탄생한 것이 바로 이들 기업이다.

우리는 모두가 같은 것을 보고 있다고 생각하지만 같은 것을 얼마나 다르게 보느냐에 따라 결과는 달라진다. 가령 시장의 흐름을 관찰할 때, 단순히 어떤 시장의 규모가 커지고 있다는 숫자에 주목해 '이미 포화 상태의 시장이니 진입이 힘들다'라고 결론 내는 것이 아니라 이 시장이 성장함에 따라 부수적으로 함께 성장할 잠재력이 있는 게 무엇인가 고민해봐야 한다. 사고의 방향을 조금만 돌려보면 보이지 않는다고 생각했던 시장이 그 모습을 드러낸다.

다음에 소개할 사이트는 사업을 시작하고자 한다면 꼭 한 번쯤은 둘러봐야 할 정보 페이지다. 각종 국내외 시장 동향과 소비자 성향 분석 등에 매우 유용하게 쓰일 것이다. 동네에서 작은 골목식당을 운영하든, 해외 소비자를 대상으로 한류 콘텐츠 사업을 하든, 사업의 규모나 타깃 고객의 종류와 상관없이 반드시 우리를 둘러싼 세상이 어떻게 돌아가는지 알고 있어야 한다.

● 산업 동향 탐색하기

거시적인 관점으로 시장을 이해하기 위해서는 정부가 제공하는 정보 페이지나 검색 사이트의 검색어 분석 페이지를 활용해보자. 시장조사는 넓은 영역에서 시작해 점차 분야를 세분화해 좁은 것으로 파고들어가는 게 좋다.

1. 국내 경제 및 정책: 대한민국 정책 브리핑 https://www.korea.kr

문화체육관광부에서 운영하는 국내 정책 브리핑 사이트로, 국내 경제 흐름과 정부 정책을 한눈에 볼 수 있다. 각종 정책 뉴스, 정책 DB 등을 통해 최근의 경제 동향, 경제지표, 월간 재정 동향, 한국판 뉴딜 정책의 개요 등 세부 사항들을 확인할 수 있다.

2. 해외시장: KOTRA 무역투자24 https://www.kotra.or.kr

대한무역투자진흥공사가 운영하는 사이트로, 해외 국가별 주요 산업 동향, 국내 수출 동향, 상품 트렌드 등을 한눈에 볼 수 있다. 글로벌 시장의 흐름을 파악하는 데 유용하게 활용할 수 있다.

3. 국내 검색 트렌드: 네이버 데이터랩 https://datalab.naver.com

네이버의 검색 트렌드를 데이터를 통해 확인할 수 있는 서비스. 키워드별로 검색 기간, 성별, 연령 등 세부사항을 설정해 최신 트렌드를 파악할 수 있다. 구체적인 타깃 소비자를 파악할 때 유용하다.

4. 해외 검색 트렌드: 구글 트렌드 https://trends.google.com

네이버 데이터랩과 유사한 구글의 검색 트렌드 탐색 페이지. 한국에서는 여전히 네이버 사용자가 압도적이긴 하지만 젊은 연령대일수록 구글을 많이 이용하고 있으므로 네이버와 함께 교차 검증하는 게 좋다. 특히 구글은 한국뿐 아니라 세계의 지역별 관심도를 제공하기 때문에 해외시장 조사와 소비자 조사가 모두 필요할 때 유용하게 쓰인다.

● 뉴스레터를 통해 트렌드 알아가기

뉴스레터는 이메일을 통해 정기적으로 다양한 콘텐츠를 구독할 수 있는 서비스다. 각 서비스마다 특화된 분야가 있기 때문에 2개 이상의 레터를 꾸준히 구독하는 게 좋다. 정보가 넘쳐나는 시대에 이러한 큐레이션 서비스는 예비 창업자들의 시간과 노력을 줄여주기 때문에 유료 서비스일지라도 투자할 만한 가치가 있다.

1. 어피티 https://uppity.co.kr

최신 경제 뉴스, 칼럼, 재테크 및 금융 정보 등을 제공하는 뉴스레터. 지금 가장 주목받는 경제 관련 이슈의 흐름을 파악하고 이해하는 데 도움이 된다.

2. 뉴닉 https://newneek.co

뉴스 큐레이션 뉴스레터. 복잡하고 어려운 뉴스를 이해하기 쉽게 정리하고 맥락을 이해할 수 있도록 큐레이션 해준다. 세상이 돌아가는 흐름을 파악할 수 있고 어려운 용어나 이슈들을 알기 쉽게 풀어줘서 여러 동향 자료를 읽는 데 도움이 된다.

3. 콘텐타 https://www.contenta.co

전현직 기자, 에디터, 작가, 카피라이터, 마케터 등 현역에서 뛰고 있는 현장의 전문가들이 직접 쓰는 콘텐츠를 제공한다. 현재 왕성하게 활동 중인 이들이 직접 쓰는 글이라서 구체적인 실무 영역을 중심으로 시장을 이해하는 데 도움이 된다.

4. 어거스트 page.stibee.com/subscriptions/51479

SNS, 유튜브, 오디오 콘텐츠, 매거진 등 다양한 미디어를 중심으로 화제가 되고 있는 뉴스를 소개하는 뉴스레터. 신문이나 방송 등 올드 미디어에서는 볼 수 없는 최신 이슈를 실시간으로 받아볼 수 있다.

5. 캐릿 https://www.careet.net

20대 라이프스타일 매거진 〈대학내일〉에서 운영하는 뉴스레터. Z세대가 열광하는 최신 문화 트렌드와 취향, 생각 등을 발 빠르게 큐레이션하여 제공한다. 젊은 세대를 대상으로 하는 마케팅에 활용할 수 있는 인사이트를 얻는 데 도움이 된다.

● SNS와 커뮤니티로 소비자 니즈 파악하기

1. 인스타그램

인스타그램은 해시태그 검색을 통해 현시점의 트렌드를 알아볼 수 있는 채널이기도 하고 내 브랜드에 관한 소비자 반응을 탐색할 수 있는 도구가 되기도 한다. 자신의 브랜드 이름을 검색해 총 게시물 숫자나 해시태그 반응들을 살펴볼 수 있으며, 우리 브랜드를 경험한 실제 소비자들의 생생한 시각과 느낌을 보고 들을 수 있다.

2. 핀터레스트

핀터레스트는 전 세계의 다양한 이미지를 찾아볼 수 있는 사이트로, 제품 개발이나 인테리어에 참고할 만한 사진들을 쉽게 찾아볼 수 있다. 검색어를 한국어뿐만 아니라 영어, 중국어, 일본어 등 다양한 언어로 검색하면 언어에 따라 검색 결과도 다양하게 나타난다.

3. 틱톡

틱톡은 짧은 영상을 통해 소통하는 SNS로 전 세계적으로 가장 핫한 동영상 플랫폼이다. 상대적으로 젊은 층이 주로 이용하며 재미있는 영상을 음악과 함께 업로드한다. 단편적인 재미와 흥미만을 추구한다고 생각하기 쉽지만 카테고리가 점점 더 다양해지고 있고 워낙 방대한 자료들이 있기 때문에 젊은 세대 사이에서 유행하는 것들을 한눈에 파악하기 쉽다.

4. 맘카페, 지역기반 카페

가장 다양한 고객의 욕구를 알 수 있으면서도 소비자의 구체적인 불만사항이 가장 많이 보이는 곳이 바로 맘카페와 지역기반 커뮤니티다. 이러한 커뮤니티는 한 기업을 죽이고 살릴 정도로 영향력이 매우 크고 다양한 목소리들이 한곳에 모인다는 점에서 사업가라면 꼭 체크하고 모니터링해야 한다.

● 시장조사, 이것만은 꼭 지켜라

1. 시장조사의 목적을 정확하게 설정하고 시작해야 한다.
2. 시장의 성격, 규모, 환경 등의 범위를 설정해야 한다.
3. 적절한 조사 방법을 선택해야 한다.

프랜차이즈라는 양날의 검

24평 매장에서 월 매출 1억 3000만 원을 기록하며 3개월 만에 손익분기점을 넘기자 전국 각지에서 프랜차이즈 문의가 들어왔다. 애초에 프랜차이즈를 염두에 두고 시작한 게 아니라서 적잖이 당황스러웠다. 하지만 그만큼 타르타르의 영업이 성공적이었다는 뜻이니 한편으로는 뿌듯한 마음도 있었다. 게다가 지점 문의를 한 사장님들을 보니 과거의 내 모습이 떠올랐다. 힘든 환경 속에서도 이렇게 열심히 노력해 성공을 일군 것처럼 이분들에게도 그런 성공 경험을 안겨드리고 싶었다. 그런데 그게 얼마나 이상적이고 꿈같은 생각이었는지 그땐 미처 알지 못했다.

점주분 한 명, 한 명 꼼꼼하게 면담을 진행하며 지점 오픈을 진행했다. 같이 성장하고 싶은 마음에 지점 하나하나를 내 가게처럼 생각하면서 모든 요소를 꼼꼼하게 체크했다. 전국 각지에 타르타르의 지점들이 하나둘 문을 열기 시작했다. 식구가 전국 단위로 늘어난 것이다. 그러나 프랜차이즈 사업은 쉽지 않았다. 본사와 똑같은 시스템을 활용하고 동일한 영업방식을 적용하는데도 어떤 매장은 매출이 잘 나오고 어떤 매장은 그렇지 않았다. 각 지역마다 지역성과 시장상황이 다르니 그럴 수 있다고 생각했다. 문제는 일부 점주들의 태도였다.

내가 첫 가게를 오픈했을 때처럼, 점주들도 매장에 애정을 갖고 스스로 열심히 운영해줄 거라 믿었다. 하지만 사람 마음이 다 내 맘 같지가 않다는 걸 간과한 것일까. 현장 점검을 위해 지점에 가보면 점주는 코빼기도 안 보이고 알바생들만 우왕좌왕하고 있었다. 타르트 필링에 사용하는 크림치즈는 반드시 필라델피아 크림치즈 제품을 사용하도록 되어 있는데, 그 원칙을 어기고 저렴한 크림치즈를 섞어 쓰다가 발각되는 일도 있었다. 그러면서 지점에서는 매출 부진의 원인을 본사로 돌렸다. 무언가 잘 돌아가지 않으면 왜 본사에서 알아서 해주지 않느냐고 원망했다. 아무리 시스템을 갖추고 체계적인 운영 방식을 구축해도, 경영자로서의 기본 마인드를 나와 똑같이 복사해 붙여넣기할 수는 없었다. 외식업 운영은 단순히 시스템만으로 굴러가지 않는다. 물론 시스템이 갖춰지면 효율성이 좋아지고 보다 체계적인 운영이 가능하다. 하지만 점주가 매장을 자식처럼 돌보지 않으면 아무리 훌륭한 시스템이 있어도 소용없다.

어디서부터 잘못된 것일까 고민에 빠졌다. 처음에는 내가 잡아놓은 체계대로 움직여주지 않는 점주들을 탓했다. 하지만 더 근본적인 문제는 나에게 있었다. 아무리 장사 경험이 많아도 프랜차이즈 브랜드를 운영하는 사업가로서 나는 초보에 가까웠다. 나름대로 시스템을 만들고 본사 역할에 최선을 다했다고 믿었지만 점주들과 함께하는 사업은 단순히 내 가게만 운영하는 것과는 차원이 달랐다. 모든 사람이 다 나와 같은 마음으로 운영하길 바란 것은 과욕이었다. 내가 컨트롤할 수 없는 상황에서도 각자의 자리에서 일어설 수 있도록 더 노력했어야 했다는 걸 깨달았다. 문제의 원인을 타인에게 돌려서는 문제를 해결할 수 없다. 나의 부덕을 인정하고 받아들여야 할 때였다.

제대로 굴러가지 않는 매장의 현실을 마주하는 것은 고통스러웠다. 본사를 조력자로 여기는 것이 아니라 모든 것을 해결해주는 만능 키로 생각하는 점주들에게 서운하고 아쉬운 마음이 드는 것도 사실이었다. 그렇다고 손 놓고 있을 수만은 없었다. 전 재산을 들여서 오픈한 가게가 쓰러져가는 걸 지켜보는 게 얼마나 괴로운지, 누구보다 내가 가장 잘 알았기 때문이다. 당장 생계가 어렵다고 하소연하는 점주들을 생각하면 밤에 잠도 안 왔다. 같이 성장하고 성공하자고 시작했는데 이대로 포기할 수는 없어서 사비를 털어 어려운 점주들을 지원했다. 어떻게든 살려보려고 백방으로 뛰면서 직접 이것저것 챙겼다. 하지만 그럼에도 해결되지 않는 것들은 영영 해결되지 않았다.

디저트 카페는 관리 요소가 굉장히 많은 업종이다. 매장 규모도 작지 않았기 때문에 안 그래도 신경 쓸 게 한두 가지가 아닌데 매출이 안 나오는 매장들을 본사 차원에서 하나하나 챙기는 데에는 한계가 있었다. 40개의 점포에는 40개의 세계가 있었고 그 세계는 결코 나와 같지 않았다. 전반적으로 회사는 성장했고 프랜차이즈 브랜드로서 입지도 탄탄해졌지만 그 이면의 어려움들은 내가 감당할 수 있는 것들이 아니었다.

프랜차이즈 관리의 어려움도 문제였지만 디저트 카페라는 업종의 특성도 한계가 명확했다. 디저트 카페는 트렌드 비즈니스다. 한마디로 지금 가장 떠오르는 핫한 아이템이라는 입지는 언제든 흔들릴 수 있다. 유행은 빠르게 변화하고 소비자의 취향과 소비트렌드도 끊임없이 움직인다. 우리나라의 디저트 제품력은 짧은 시간 내에 엄청난 발전을 이루었지만 짧은 시간에 성취를 이룬 만큼 문화 기반을 탄탄하게 갖추지 못했다.

프랑스나 일본처럼 오랫동안 디저트 문화가 생활 깊숙이 자리 잡은 상황이 아니라 '최신 유행 아이템'으로서 각광받는 상태인 것이다. 트렌드 비즈니스를 하려면 그런 변화에 기민하게 대응하며 발맞춰나가는 노력이 필요하다. 그런 면에서 프랜차이즈라는 구조는 트렌드 변화에 발 빠르게 대응하기가 쉽지 않다. 안 그래도 일부 점주들은 본사가 알아서 해주기만을 바라는 태도를 보이는데, 그런 적극성까지 기대하기는 어려운 노릇이었다.

지점 관리를 더 빡빡하게 하면서 디저트를 계속 개발해볼까 싶은 생각도 들었지만 그렇게까지 하기에는 에너지가 부족했다. 급변하는 트렌드에 맞춰서 힙한 콘셉트를 유지하기 위해 매번 변화를 시도하는 일은 아무래도 내게 잘 맞지 않는 옷처럼 느껴졌다. 내가 가장 잘할 수 있는 일에 매진해도 될까 말까 하는 이 치열한 시장에서, 굳이 잘 맞지 않는 옷에 억지로 몸을 구겨 넣을 필요가 있을까. 마침 어느 외식업 사업가가 타르타르 브랜드를 운영해보고 싶다는 의사를 밝혀왔다. 그래, 이제는 놔줄 때가 되었다. 프랜차이즈 사업을 처음 해보는 사람으로서 내가 더 잘할 수 없다면, 그래서 내 브랜드를 더 망가지게 두고 싶지 않다면 나보다 더 잘할 수 있는 사람에게 매각하는 것도 현명한 방법이라고 생각했다. 나는 타르타르를 다른 사업가에게 인계하고 또다시 새로운 사업 구상에 돌입했다.

프랜차이즈 사업을 하고 싶다면

● 가맹본부가 되고자 하는 이들에게

매출이 오르고 인지도가 높아지고 유명세를 얻으면 프랜차이즈 사업 문의를 많이 받게 된다. 이때 사업주들이 최우선으로 염두에 두어야 하는 건 프랜차이즈는 단순히 브랜드를 빌려주는 게 아니라는 점이다. 지점이 늘어난다는 건, 곧 내가 먹여 살려야 할 식구가 늘어나는 것이라고 생각해야 한다. 그만큼 막중한 책임을 지는 일이다. 그러니 본점의 운영에 차질을 빚지 않으면서 각 지점의 브랜드 일관성을 지키고, 품질 유지관리를 충실히 해낼 수 있는지, 그럴 만한 시스템이 갖춰져 있는지, 충분한 인력을 확보하고 있는지 꼼꼼하게 따져봐야 한다. 준비되지 않은 상황에서 덜컥 프랜차이즈의 유혹에 넘어가 제대로 관리하지 못하면 나뿐만 아니라 수많은 점주까지 낭패를 볼 수 있다. 프랜차이즈 사업을 하는 사람은 기본적으로 다른 사람을 생각하는 이타심이 있어야 한다.

가맹계약 한 건, 한 건을 그저 돈으로 생각하고 지점 늘리기에만 혈안이 되어 사후관리는 나 몰라라 하는 가맹본부가 되지는 말자. 점주 한 사람, 한 사람이 창업자금은 어떻게 마련해왔는지, 어떤 각오로 가맹계약을 맺으려는 것인지, 인력관리와 매장관리는 어떻게 할 예정인지 세심하게 살펴야 한다. 개인의 역사를 함께 들여다보고 서로가 성실한 협력관계가 되고자 하는 마음으로 임해야 사업을 성공적으로 이끌 수 있다. 특히 가맹계약 상담은 사장 본인이 직접 진행하는 게 좋다. 직원에게는 가맹계약이 곧 업무 성과와 직결되기 때문에 계약의 질보다 계약 성사 건수에만 집중하게 된다.

또한 가맹본부는 오른손이 하는 일을 왼손이 알게 하는 요령도 필요하다. 독립 창업이 아닌 프랜차이즈 매장을 오픈하려는 이들은 리스크를 본사와 분담하거나 실패 확률을 최소화하기 위해 안정적인 길을 택한 경우가 많다. 이 경우 점주 스스로의 노력보다는 본사에 많은 것을 의존하고자 하는 경향이 강한데, 그런 점주들에게 가맹본부도 최선을 다해 지원하고 있다는 것을 드러내고 표현해줄 필요가 있다. 물론 실질적인 지원도 함께 이뤄져야 한다. 일부러라도 그렇게 하지 않으면 점주들은 본사가 아무것도 하지 않고 두 손 놓고 방관한다고 생각하는 등 불필요한 오해로 인해 관계가 악화될 수 있다.

● 가맹점주가 되고자 하는 이들에게
가맹본부만 열심히 한다고 만사형통은 아니다. 프랜차이즈 사업은 본부와 지점의 긴밀한 협력관계를 바탕으로 점주들의 적극적인 경영

의지가 결합되어야 성공할 수 있다. 프랜차이즈 창업의 가장 큰 장점은 브랜드가 가진 네임 밸류를 취하면서 시장성을 어느 정도 안정적으로 가져갈 수 있다는 데 있다. 이러한 장점을 잘 활용한다면 성공적인 창업을 이룰 수 있겠지만 이런 장점만을 믿고 점주가 경영을 소홀히 한다면 프랜차이즈는 안 하느니만 못한 결과를 낳을 것이다.

가맹본부는 점주들의 조력자다. 독립 창업처럼 맨땅에 헤딩하는 시간과 노력을 어느 정도 줄여주고 시스템이나 매뉴얼, 상권분석 등 창업에 필요한 도움을 받을 수 있다. 그러나 그다음부터는 점주의 몫이다. 점주 본인의 열정과 의지가 없으면 아무리 가맹본부가 최선을 다해 지원해도 매장은 제대로 굴러가지 않는다. 가맹계약의 기본 원칙을 어기지 않으며 자신의 점포가 위치한 곳의 특수성을 제대로 파악하면서 어떻게 하면 고객의 만족도를 끌어올려 판매를 촉진할 것인지 고민하는 점주, 당장 영업이익이 나지 않는다며 마음대로 식재료를 바꾸고 매출 부진의 원인을 가맹본부로 돌리는 점주. 과연 어떤 점주가 자영업자로 성공할 수 있을지는 너무나 명백하다.

어떤 종류의 창업이든 창업을 하는 사람에게는 기업가정신이 필요하다. 뚜렷한 목표의식을 갖고 스스로 움직여야 한다. 리스크는 줄이고 싶고 매뉴얼은 따르고 싶지 않고 매장관리는 남의 손에 맡기고 싶다면 그런 사람은 프랜차이즈뿐만 아니라 그 어떤 창업도 해서는 안 된다. 다시 한번 강조하지만 손 안 대고 코 푸는 건 불가능하다. 헛된 가능성에 기대어 고통을 주고받지는 말자.

2부

라라브레드에서 찾은
동네 창업 성공의 법칙

4

무엇을 팔 것인가?

식빵집 찾아 삼만 리

이력서를 검토할 때 가장 가슴 아픈 구절은 '경영 악화로 인한 퇴사'라는 말이다. 회사 운영에 실패하거나 어려움을 겪어 결국 식구처럼 으쌰으쌰 하던 직원을 내보낼 수밖에 없는 사업주의 심정을 상상해보면 정말 남일 같지 않았다.

타르타르를 다른 사업가에게 넘기면서 조직의 정리도 함께 이루어졌다. 우리는 폐업을 한 것도, 경영악화로 인한 구조조정을 한 것도 아니지만, 함께 일하던 팀원들이 타르타르를 떠나 다른 곳으로 이직한다면 결국 이력서에 그런 문구를 쓸 수밖에 없을 것이다. 능력 있고 재능 있는 팀원들에게 그런 경험을 안기고 싶지 않았다.

"다른 데 가지 말고 나랑 새로운 브랜드 같이 하자."

타르타르를 함께 일궜던 것처럼, 다시 새롭게 시작하는 길목을 이 친구들과 함께하기로 했다. 25년 지기 친구인 송진석 사장과 그의 지인인 진리 사장님, 그리고 나. 이렇게 셋이서 의기투합해 새 브랜드 론칭을 준비했다. 트렌드 비즈니스는 나의 성향과 맞지 않으니 트렌드 변화와 시장상황에 영향을 덜 받는 아이템을 찾았다. 그것은 바로 '빵'이었다. 그것도 식빵.

당시 한창 식빵 전문점이 주목을 받고 있었으니 온전히 트렌드와 상관없는 아이템은 아니었지만, 식빵은 빵 중에서도 가장 기본이 되는 아이템이기 때문에 어느 정도 안정성을 담보할 수 있겠다 싶었다. 오히려 식빵 전문점이 각광받는다는 것은 빵이라는 카테고리 안에서 각각의 세부적인 빵들이 독립적으로 시장을 확대해 가고 있다는 의미였다. 적당한 트렌디함과 적당한 스테디함이 결합된 최상의 아이템이라고 우리는 확신했다.

그럼 어디에 매장을 오픈할 것인가. 우리가 주목한 곳은 석촌호수를 바라보고 있는 송파동 골목상권이었다. 당시 그 상권은 하남, 구리, 남양주 등 경기도 동부 지역에서 서울로 출퇴근하는 사람들이 모여드는 곳이었다. 경기도 동부 지역을 오가는 광역버스가 잠실로 집결했기 때문이다. 저녁식사나 회식을 마치고 곧장 버스를 타고 집으로 돌아갈 수 있으니 경기도 거주 서울 근무자들은 자연스럽게 잠실에서 저녁 시간을 보내게 된다. 하지만 석촌호수 인근에서 상가를 찾기란 쉽지 않았다. 50~60평 규모의 상가를 찾아야 했는데 석촌호수와 마주한 대로변의 상가는 임대료가 1500만 원에서 3000만 원대에 달했다. 결국 대로변 뒤편의 후미진 골목에서 매장을 탐색했지만 원룸들이 다닥다닥 붙어 있는 골목상권에 그 정도 규모의 상가는 흔치 않았다. 지금은 '송리단길'이라는 별칭으로 불리며 젊은이들이 많이 찾는 인기 상권으로 떠올랐지만 당시만 해도 그곳은 평범한 원룸촌이었다.

그러던 중 허름한 상가건물이 눈에 띄었다. 안을 들여다보니 손님도 없는 가게에서 건물 주인이 한가롭게 누워 TV를 보고 있었다. 한눈에 봐도 어지간히 장사가 안되는 가게 같았다. 매장 규모와 위치 등이 그동안 찾아 헤매던 조건에 가장 근접했다. 여기다 싶은 순간이었다.

"제가 여기서 장사를 좀 해보고 싶은데요. 이 상가 저에게 임대 주시면 안 될까요?"

건물 주인의 눈이 반짝반짝 빛났다. 상권이랄 것도 없는 다세대, 원룸들이 밀집한 곳에서 1층 상가 임대는 쉽지 않았을 것이다. 운이 좋아 매장이 들어왔다 해도 오래 버티기는 어려웠던 것 같다. 그러던 중에 웬 젊은 사람이 스스로 찾아와 임대를 내달라고 하니 이게 웬 떡이냐 싶은 표정이었다. 건물 주인의 속내가 빤히 보였지만 모른 척하기로 했다. 우여곡절 끝에 협상에 성공하고 인테리어 공사에 들어갔다.

당시 재생 건축 스타일을 바탕으로 한 빈티지 느낌의 디자인이 주목받고 있었던 터라 건물 외벽의 낡은 타일을 뜯어 공사가 덜 끝난 듯한 마감을 하기로 했다. 한창 인부들이 외벽의 타일을 하나하나 뜯어내고 있는데 같은 건물 3층에 거주 중인 건물 주인이 부리나케 달려와 호통을 치기 시작했다.

"왜 멀쩡한 남의 건물 타일을 다 뜯고 난리야!"

건물을 망가뜨리는 게 아니라는 걸, 타일 뜯은 흔적 자체가 디자인이라는 걸 어떻게 납득시켜야 할까. 디자인을 훼손으로 받아들이는 사람을 설득하기는 정말 쉽지 않았다. 그때부터 건물 주인은 인테리어 공사 과정의 모든 것들을 걸고넘어지기 시작했다. 틈만 나면 뭐가 고장 났다며 트집을 잡고 비용을 반반 부담해야 한다고 고집을 부렸다. 공사 중에 본인들이 이사 가면서 나오는 쓰레기를 우리에게 떠맡겼고 결국 우리가 처리 비용 100만 원을 지불해야만 했다. 건물주의 심기를 건드려서 좋을 게 없으니 속은 부글부글 끓었지만 참고 또 참았다. 그동안 다양한 건물주를 만나봤지만 이렇게까지 갑질을 해대는 사람은 처음이었다. 아, 이게 세입자의 설움인가. 조물주 위에 건물주라더니 정말 세상 무서울 것이 없는 사람이구나 싶었다(지금은 라라브레드가 이 건물의 효자가 되어서 그런지 건물주와 사이좋게 잘 지내고 있다).

그렇게 험난한 공사를 모두 끝내고 드디어 오픈 준비를 마쳤다. 세입자의 설움은 잠시 잊고 설레는 마음으로 식빵 전문점 '라라브레드'의 간판을 내걸었다.

망했다, 어떡하지?

첫 달 매출은 2000만 원이었다. 월 임대료 500만 원, 인건비 1200만 원, 원자재비 800만 원, 고정비 400만 원을 생각하면 완전히 망한 결과였다. 손익분기점을 넘기려면 월 매출 5000만 원은 나와야 했는데 오픈 첫 달 매출이 2000만 원이라니. 영업이익은커녕 적자만 2500만 원이었다. 당혹스러웠다. 팀원들은 매일같이 이렇게 장사가 안되면 앞으로 어떡하냐며 울먹였다.

이렇게 투자금을 모조리 날리게 되는 걸까. 어떻게 이렇게까지 망할 수가 있을까.

검증하기에는 충분한 시간, 한 달

이대로는 안 된다. 당장 매출 부진의 원인을 찾고 문제를 해결해야 했다. 식빵 전문점 라라브레드 오픈 한 달째였다. 빠르다면 빠른 결단이었다. 외식업을 하는 보통의 자영업자라면 첫 달 매출이 안 나온다고 해서 곧장 방향을 돌리거나 개선점을 찾지는 않는다. 적어도 2~3개월 정도 지켜보면서 추이를 살피는 것이 일반적이다. 하지만 우리는 기다릴 여유가 없었다. 타르타르를 정리하면서 합류를 제안한 팀원들과 나를 믿고 지분을 투자해준 공동대표들을 실망시킬 수는 없었다. 이번에는 결코 망해서는 안 됐다.

타르타르를 창업하면서 에그타르트를 핵심 아이템으로 설정했다가 시장조사와 분석을 통해 타르트 메뉴 확대를 결정했듯이, 리스크를 최소화하기 위해서는 빠른 판단과 방향 전환이 필요했다. 실리콘밸리의 창업자들이 아이디어를 빠르게 시제품으로 만들어 시장에서 테스트하면서 검증 과정을 거치는 린 스타트업 전략을 적용하는 것이다.

린 스타트업 전략의 핵심은 가설을 세우고, 검증 과정을 거치며 실패할 경우 실패 요인을 분석해 새로운 가설을 세우고 다시 검증을 거치는 빠른 실행력이다. 기업의 비즈니스모델을 시장 검증을 통해 빠르게 수정해나가는 것, 그러니까 얼마나 적절한 시점에 피벗(Pivot: 회전축을 뜻하는 단어로, 비즈니스모델이나 경영전략의 방향을 바꾸는 일을 의미한다)을 하느냐에 따라 사업의 성패가 달라진다. 린 스타트업 전략은 신속함과 기민함이 생명이다. 1개월을 지켜봤다면 이것으로도 충분하다. 지금이 바로 방향을 전환할 타이밍이다.

이런 식빵, 무엇이 문제일까

　방향을 어디로 전환할지 결정하기 위해서는 문제의 원인을 정확하게 파악하는 게 중요하다. 유동 인구가 많은 석촌호수 인근의 상권에 일상적인 아이템이면서도 트렌드에도 부합하는 식빵 전문점인데 판매가 부진하다. 상권이 문제일까, 메뉴가 문제일까, 소비자 니즈와 공급의 접점이 맞지 않았던 것일까.

　우리가 제일 먼저 한 일은 제품 분석이었다. 식빵이라는 아이템이 문제인지, 식빵의 품질이 문제인지 확인하는 게 급선무였다. 어릴 때부터 각종 아르바이트를 하면서 실수를 할 때마다 같이 일했던 형들은 딱밤을 한 대 때리면서 늘 이런 말을 했다. "모르면 물어봐!" 그렇다. 모르면 물어봐야 한다. 혼자서 끙끙 앓아봐야 답은 나오지 않는다. 우리 매장을 방문하는, 우리 음식을 먹어보는 사람들에게 직접 물어보는 게 답을 찾는 최선의 방법이다. 우선 파워블로거들을 섭외해 인터뷰와 설문조사를 시작했다. 파워블로거들은 기본적으로 외식 경험이 풍부하기 때문에 소비자 입장에서 음식의 맛이나 매장의 접근성 등에 관해 솔직한 이야기를 들을 수 있는 중요한 채널이다.

　이들이 입을 모아 한 얘기는 '애매하다'는 것이었다. 식빵은 굉장히 일상적인 음식인데 마음먹고 시간을 내어 들르는 상권에서 굳이 식빵을 사가거나 먹기가 애매하다고 했다. 굳이 이곳에 올

만큼 제품이 특별하지 않다는 것이다. 식빵은 식사를 대체할 만큼 포만감을 주는 음식도 아니었고, 그렇다고 커피와 어울리는 달콤한 디저트류도 아니었다. 친구와 함께, 연인과 함께, 가족과 함께 라라브레드에 왔을 때 식빵을 먹는다? 굳이? 그렇다고 포장을 해서 들고 가기에도 애매했다. 식빵 정도야 집에 가는 길에 가까운 동네 파리바게트나 뚜레쥬르에서 사도 충분할 만큼 평범한 음식인데, 번화가까지 나와서 구입할 만한 차별점이 없었던 것이다. 당시 진열된 식빵은 밤식빵, 생크림식빵, 호밀식빵, 통밀식빵, 브리오슈, 데니쉬식빵 정도가 전부였다. 라라브레드에서만 맛볼 수 있는 독특한 메뉴는 어디에도 없으니 굳이 여기까지 와서 이 평범한 음식을 사갈 이유가 없었다.

찾아오는 고객을 면밀하게 관찰해보니 한계가 더 뚜렷하게 보였다. 매장에 들어서면 맛있어 보이는 게 너무 많아서 뭘 골라야 할지 고민하는 게 아니라 선택지가 너무 적어서 뭘 골라야 할지 고민했다. 결국 선택지가 부족하니 그대로 매장을 나가거나 마지못해 기본 식빵 하나만 사는 데에 그쳤다. 특별함을 느끼지 못하니 식빵의 가격도 비싸게 느껴진 모양이다. 물론 우리는 맛있는 식빵을 만들기 위해 최선을 다했지만 종류 자체가 평범하다보니 고객들은 동네 빵집에서도 살 수 있을 것 같은 식빵을 4000원에서 5000원가량 지불하는 걸 부담스럽게 느꼈다. 가격이 너무 비싸다는 평이 줄기차게 이어졌다.

잘못된 제품과 잘못된 상권의 환장할 궁합

빵집 개업에 있어 기본 중의 기본은 주변의 거주인구가 최소 2000세대 이상 되어야 한다는 점이다. 빵집은 동네 장사다. 거주인구가 확보되지 않으면 결코 유의미한 매출을 얻을 수 없다. 우리는 바로 그 점을 간과했다. 우리가 입점한 석촌호수 주변은 거주인구가 많지 않았다. 원룸이나 다세대 주택들이 밀집해 있긴 하지만 대단지 아파트만큼의 충분한 수요가 확보되지 않았던 것이다. 빵집은 아파트 단지나 주택 밀집 지역에서 버스 정류장 앞에 내렸을 때 바로 보이는 곳, 횡단보도와 가까운 곳, 지하철 역사 안이나 출구에서 인접한 곳에 있어야 한다.

결국 우리는 브랜드 아이덴티티를 확립하는 데 실패했다. 상권 분석과 아이템 탐색이 따로 놀았다. 그러다 보니 생산자 중심으로 판단해서 우리가 원하는 것만 만들어놓고 고객이 찾아오리라 믿었다. 결과적으로 제품(Product)과 시장(Market)을 정확하게 일치시키지(Fit) 못한 것이다. 따라서 아무리 인플루언서들을 동원해 마케팅을 해도 손님을 끌어올 수 없었다.

고객 설문조사지 작성 요령

1. 알기 쉽게 쓸 것

(X) 매장에 대한 어프로치가 용이합니까?

(O) 매장에 오는 길을 찾기 쉬웠습니까?

2. 명확하게 쓸 것

(X) 소스와 면의 어울림이 적절합니까?

(O) 소스와 면이 잘 어울립니까?

3. 질문을 구체적으로 할 것

(X) 이 빵이 맛있나요?

(O) 이 빵의 단맛이 어떤가요? (1~5 강도를 함께 표시한다.)

4. 한 번에 두 가지 내용을 질문하지 말 것

(X) 계단을 오르내리기에 불편하거나 픽업대의 위치를 찾기 어려웠
습니까?

(O) 계단을 오르내리는 데에는 불편함이 없었습니까?

  픽업대의 위치는 적절했습니까?

5. 유도성 질문을 하지 말 것

(X) 크림빵의 크림을 땅콩크림으로 바꾸면 좋을 것 같습니까?

(O) 크림빵의 크림을 바꾼다면 어떤 크림을 선택하시겠습니까?

6. 선입견을 주는 질문을 하지 말 것

(X) 이 빵에 크림이 너무 많다는 생각이 들지 않나요?

(O) 이 빵의 크림 양은 어떻다고 생각하시나요? (적다, 적당하다, 많다를
  함께 표시한다.)

7. 조사자 임의로 가정하지 말 것

(X) 이 디저트 제품은 유행이 지났는데 다른 아이디어가 있으실까요?

(O) 이 디저트 제품에 추가하면 좋을 아이디어가 있으실까요?

8. 선택형 질문지에서는 가능한 모든 선택지를 제시할 것

차가운 음료잔으로 가장 선호하는 것은 무엇입니까?

(X) ① 유리컵   ② 머그컵

(O) ① 유리컵   ② 머그컵   ③ 스테인리스컵   ④ 플라스틱컵   ⑤ 세라
  믹컵

식빵 전문점에서
브런치 카페로 옷을 갈아입다

잘못된 제품과 잘못된 상권의 환장할 만남을 깨달았으므로 둘 중 하나를 바꿔야 했다. 한 달 만에 가게를 뺄 수 없는 노릇이니 변화의 대상은 자연스럽게 상권이 아닌 제품이 되었다. 식빵을 버려야 할까? 반대로 식빵을 확장해야 할까? 답을 찾기 위해 우리는 당장 짐을 싸서 일본으로 떠났다.

기존의 인테리어와 상권을 그대로 유지하면서 메뉴를 바꿔야 하니 메뉴 카테고리를 크게 벗어날 수는 없었다. 제과와 제빵, 이 영역에서 어떻게든 승부를 봐야 했다. 일본에 도착하자마자 호텔에 짐만 던져놓고 카페를 돌았다. 오사카, 교토 등의 지역을 다니면서 온갖 케이크, 쿠키, 빵, 샌드위치, 마카롱 등 제과제빵 영역에서 맛볼 수 있는 모든 것들을 직접 먹어보고 경험했다. 밥도 안 먹고 하루 종일 밀가루 음식만 입에 넣으니 속이 느글느글할 지경이었다. 그 과정에서 대망의 오픈샌드위치를 발견했다.

아무리 화려한 재료를 조합해도 두 장의 빵이 그 재료를 가려버리는 샌드위치는 직접 입에 넣어보기 전에는 그 맛을 알 수 없다. 하지만 오픈샌드위치는 빵 한 장을 치워버린 모양을 하고 있었다. 피자처럼 빵을 아래쪽에 깔고 그 위에 각종 야채와 치즈, 아보카도, 햄 등을 얹으니 그 비주얼이 굉장했다. 보자마자 나도 모르게 휴대폰 카메라를 들이댔다. 바로 이거다. 타르타르에서 과일 타르트를 진열했을 때 자동으로 카메라를 꺼내들게 만들었던 바로 그 힘! 말이다.

샌드위치의 맛을 그대로 느끼면서도 눈이 즐거운 데다 간단한 요기까지 할 수 있는 오픈샌드위치는 우리에게 새로운 방향을 제시해주었다. 바로 브런치 카페라는 정체성이었다. 밥도 아니고 디저트도 아닌 애매한 식빵은 이제 2군으로 보내놓고 브런치로 즐기는 오픈샌드위치 맛집으로 탈바꿈할 때가 온 것이다.

전시성 상품과 수익성 상품이 공존해야 한다

오픈샌드위치는 화려한 비주얼로 눈길을 끌기에 좋은 메뉴지만 원가가 만만치 않다. 외식업을 할 때 메뉴의 판매가에서 원재료비의 비율은 30퍼센트가 넘으면 안 된다. 인건비, 판매관리비(상품을 판매하거나 관리하는 데 드는 제반 비용), 임대료 등의 지출까지 감안했을 때 이익을 적어도 25~30퍼센트 확보하려면 원가율은 그 정도를 유지해야 한다. 외식업을 하는 사람들에게 이 비율은 거의 불문율이다. 하지만 오픈샌드위치의 원가율은 40퍼센트에 육박했다. 그럼에도 이 메뉴를 밀어붙인 것은 전시성 상품과 수익성 상품을 동시에 구성할 수 있었기 때문이다.

전시성 상품은 일종의 미끼상품이다. 원가율이 높아서 상대적으로 이익률은 낮지만 시각적으로든, 미각적으로든 손님을 끌어들이는 강력한 힘을 발휘하는 대표상품을 말한다. 수익성 상품은 말 그대로 이익률이 높은 서브 상품이다. 맥도날드의 햄버거는 브랜드 정체성의 핵심을 이루는 대표 메뉴지만 실제 맥도날드의 어마어마한 이익은 주로 감자튀김이나 콜라에서 나온다. 햄버거가 원가율은 높지만 고객은 맥도날드에 와서 오직 햄버거만 먹지 않는다. 햄버거를 사면 자연스레 콜라나 감자튀김을 함께 사거나 세트메뉴를 주문하게 되므로 주된 이익은 서브 메뉴에서 가져가는 것이다.

오픈샌드위치를 먹으러 온다면 반드시 음료나 커피를 함께 주문하게 되어 있다. 그래서 우리는 원가율이 조금 높더라도 오픈샌드위치를 브런치의 대표 메뉴로 설정하고 함께 구매하게 되는 음료나 빵에서 이익률을 높이기로 했다.

빠르고 정확한 피벗, 결과가 말해준다

일본 출장 후 메뉴를 개발하고 재정비를 시작했다. 오픈샌드위치를 메인으로 하고 몇 가지 기본 빵까지 즐길 수 있는 브런치 카페 '라라브레드'의 재오픈이었다. 먼저 파워블로거들을 다시 불러들여 메뉴 평가를 부탁했다. 설문 결과는 대만족. 반응이 완전히 달랐다. 이전의 식빵 메뉴에 대한 만족도가 100점 만점에 겨우 20~30점 정도라면 오픈샌드위치에 관해서는 90점에 가까웠다.

잘될 거라는 예감은 적중했다. 이전에 2000만 원에 불과했던 매출이 재오픈 이후 1년 만에 1억 8000만 원까지 치솟았다. 무려 900퍼센트 이상 성장한 것이다. 일시적인 '오픈빨'이 아니었다. 이 매출은 1년여 가까이 지속적으로 이어졌다. 손님들은 오픈샌드위치가 나오자마자 카메라를 들이대며 탄성을 내질렀고 SNS에는 라라브레드 피드가 쉴 새 없이 올라왔다. 첫 개업 후 온라인 마케팅을 그렇게 공격적으로 시도했는데도 제대로 된 리뷰 하나 올라오지 않았는데 이제는 손님들이 알아서 각자의 온라인 공간에 영업을 하고 소문을 내기 시작했다.

나는 모든 걸 다 준비했는데 손님이 오질 않는다고 가만히 앉아 원망만 해서는 달라지는 건 아무것도 없다. 문제를 인식했다면 근본적인 원인은 무엇인지 신속하게 파악하고 그 문제를 어떻게 개선할 수 있을지 빠르게 고민해야 한다. 고장 난 부분을 정확히 찾

오픈샌드위치 '아보카도 새우의 역습'

오픈샌드위치 '베이컨 일병 구하기'

오픈샌드위치 '콥과 닭가슴살의 행방불명'

오픈샌드위치 '7번 방의 연어'

아내고 수리한 뒤 잘 굴러가는 기계를 보는 것처럼, 몸이 아픈 환자의 병명을 찾아내 말끔하게 치료한 의사의 마음처럼, 문제를 해결한다는 것은 상상 이상의 쾌감과 성취감을 준다. 그리고 문제를 문제라고 인식하지 못하는 게 더 큰 문제가 된다. 더욱더 책과 영상을 접하고 지식과 정보를 끊임없이 배워야 하는 이유다.

잘 안될 때 '린 스타트업 전략' 적용하는 법

● 린 스타트업 전략

린 스타트업 전략은 시제품을 만들고 바로 시장의 반응을 본 뒤 테스트 결과에 따라 즉각 제품을 수정하고 완성해나가는 과정을 말한다. 빠르게 변화하는 기술과 함께 빠르게 변화하는 소비자의 니즈에 발맞추기 위해 실리콘밸리의 수많은 창업자들이 바로 이런 린 스타트업 전략으로 기업을 이끌었다. 이 전략은 비단 IT업계에서만 통용되는 것이 아니다. 소비자 니즈의 빠른 변화는 모든 업계에서 동일하게 벌어지고 있는 현상으로, 린 스타트업 전략은 여러 산업 분야에서 그 효과를 보여주고 있다.

외식업도 예외가 아니다. 어쩌면 외식업이야말로 이 전략을 활용하기에 가장 적절한 분야일지도 모른다. 소비자의 반응을 가장 직접적으로, 가장 빠르게 확인할 수 있고 메뉴나 서비스를 즉각적으로 수정할 수 있기 때문이다. 가설을 세운다는 개념을 메뉴를 구성하는 것으로, 테스트를 진행한다는 것을 시식의 개념으로, 수정한다는 것을 레시피의 변경으로 생각하면 쉽게 이해할 수 있을 것이다. 물론 이것은 반드시 음식에만 해당하는 것은 아니며 외식업에서 경험할 수 있는 모든 사용자 경험에도 동일하게 적용할 수 있다.

이렇게 제품-테스트-수정의 과정은 때로 지칠 만큼 여러 번 반복되기도 해서 도저히 끝을 알 수 없는 기분에 사로잡히기도 한다. 그러나 이 과정에서 겪게 되는 지루한 프로세스를 얼마나 끈기 있고 집요하게 처리해나가느냐에 따라 사업의 운명은 달라진다. 실패하더라도, 실패를 통해 배우고 그것을 발판으로 성장하는 것이 린 스타트업 전략의 핵심이다.

● 린 스타트업의 성장 단계

1. 창업 단계

시장에 내놓을 제품이나 서비스를 빠른 시간 안에 만들어 최소의 자원으로 최대의 효과를 내고자 하는 단계다. 아이디어에 불과했던 사업 아이템을 현실화하는 과정에서 시제품을 만들고 시장의 반응을 살펴보면서 제품을 발전시켜나가야 한다.

이 단계에서는 거창한 계획이나 구상보다는 규모는 작아도 빠르게 실행할 수 있는 선택을 해야 한다. 타르타르 브랜드를 만들고 타르트 사업을 계획했을 때, 이 단계를 충실히 하지 않았다면 나는 정말로 에그타르트 전문점을 오픈했을지도 모른다. 하지만 에그타르트에 관한 소비자 반응을 빠르게 확인했기 때문에 메뉴 구성을 과일타르트까지 확장할 수 있었다. 어떤 외식업 아이템을 선정했다면 시식회를 연다거나 블로거 초청 이벤트 등을 통해서 그 메뉴에 관한 소비자 반응을 즉각적으로 확인하는 것이 좋다. 본격적으로 오픈을 하기 전에 작은 규모의 테스트를 해서 계속 메뉴나 서비스를 수정해나가야 한다. 자료와 직감만으로 판단한 것과 실제 소비자의 경험은 전혀 다를 수 있다. 돌이킬 수 없는 시행착오를 줄이기 위해서는 수정이 가능한 작은 실패를 여러 번 경험해봐야 한다.

2. 검증 단계

문제를 파악하고 해결 방법을 찾았다면 이제 본격적으로 제품을 개발하고 시장 적합성을 테스트할 단계다. 매장을 오픈하기 전, 가오픈 기간을 며칠 잡아놓고 현장 영업을 해보자. 이 기간에는 실제로 어떤 고객이 우리 매장을 방문하는지, 어느 시간대에 손님이 가장 많은지, 음식에 관한 호불호는 어떠한지, 어떤 방식으로 소통하는 것이 적절한지 파악할 수 있다. 이 과정을 거치면 시장의 반응을 좀 더 종합적으로 분석해서 반영할 수 있기 때문에 본격적인 브랜딩이 가능해진다.

브랜딩은 처음부터 완벽하게 기획되는 것이 아니다. 내가 모든 틀을 짜놓고 손님을 그것에 맞추려고 하지 말자. 외식업은 결국 고객과의 교류와 소통으로 끊임없이 정체성을 만들어나가는 과정 속에서 발전한다. 가오픈 영업과 함께 FGI(Focus Group Interview: 표적집단

면접조사), IDI(In Depth Interview: 개별 심층면접)를 실행해보면 더욱 좋다. FGI는 주요 고객층 가운데 몇 명을 선별해 한 장소에 모아놓고 좌담 형식으로 자유롭게 이야기를 나누며 인터뷰를 진행하는 방식이다. IDI는 주요 고객층 가운데 몇 명을 선별한 뒤 일대일 심층 인터뷰를 통해 보다 심도 있는 정보를 얻어낼 수 있는 조사 방법이다. 다양한 표본을 대상으로 대량의 정보를 수집해 정량적인 지표를 얻어내는 설문조사와 달리, 이 방법은 숫자로 확인하지 못하는 다양한 의견을 직접적인 방식으로 확인할 수 있는 정성적인 조사라는 점에서 좀더 구체적인 피드백을 확인할 수 있다.

라라브레드도 식빵전문점으로서 모든 준비를 끝냈다고 생각했지만 막상 영업을 시작했을 때 고객의 반응은 예상했던 것과 전혀 달랐다. 그래서 블로거, 인플루언서 등을 초대해 심층 인터뷰를 진행했고 구체적인 피드백을 접수했다. 바로 이렇게 린 스타트업 전략에 기반해 빠르게 콘셉트를 변경했기 때문에 올데이 브런치&베이커리 카페로 탄탄한 브랜딩에 성공할 수 있었다.

3. 성장 단계

가장 적절한 제품을 찾았다면 이를 통해 더 높은 단계로 성장해야 한다. 시장에서 반응이 좋다면 빠르게 시장점유율을 높이고 매출과 이익을 늘리는 데 집중해야 하는 것이다. 매출과 이익이 J커브 형태를 그리며 상승하면 적자를 벗어나 흑자로 전환할 수 있다. 이 시기에 개발과 투자가 이루어져야 더 큰 성장으로 나아가게 된다. 때로는 더 큰 성장을 위해 적자를 감수하면서도 과감하게 인프라나 마케팅에 투자를 하기도 한다.

　외식업에서 매출이 상승세를 보일 때 그 매출을 꾸준히 유지하거나 더 끌어올리려면 과감한 투자가 뒷받침되어야 한다. 이제는 평생 직장도 없고, 영원히 매출이 보장되는 자영업도 없다. 치열한 경쟁 속에서 살아남으려면 남들과는 다른 전략, 끊임없는 개발, 적절한 투자 등이 필요하다. 따라서 매출 상승의 핵심 요인이 무엇인지 파악하고 그 요인을 더 끌어올릴 수 있도록 노력해야 한다. 가령 매출과 함께 인스타그램 해시태그 게시물이 폭발적으로 늘었다면, 우리 브랜드가 어떤 해시태그로 설명되는지, 주로 어떤 고객층에 의해 바이럴이 되고 있는지 파악하고 그에 맞는 타깃광고를 집행하거나 이벤트를 진행할 수 있는 것이다.

　이 시기에 이익에 지나치게 연연하면 투자에 소극적인 태도를 보이게 된다. 당장의 이익만을 생각할 것이 아니라 좀 더 장기적인 관점으로 앞으로의 매출 증대를 위한 방법을 찾는 것이 중요하다. 우리 브랜드를 찾아주는 충성고객, 단골손님, 혹은 팬덤이 생겼을 때 비로소 어떠한 상황 변화에도 흔들림 없는 매출을 굳건하게 이어갈 수 있을 것이다.

메뉴 개발, 야 너두 할 수 있어

이름이 반이다

브랜드 이름이 사업의 성패를 좌우할까? 결론부터 말하자면 그럴 가능성이 높다. 물론 이름만 잘 짓는다고 성공을 보장할 수 있는 것은 아니다. 하지만 이름은 고객이 내 브랜드를 만나는 첫 번째 길목에 놓인 첫인상이다. 이름은 때로 브랜드 이미지 전체를 결정할 정도로 중요하다. 대부분의 성공한 스타트업들은 성공적인 네이밍 전략도 함께 갖고 있다.

금융서비스 '토스'는 우리가 흔히 쓰는 '토스하다'라는 말에서 따온 이름으로 공을 주고받을 때처럼 편하게 송금할 수 있는 금융 경험을 주겠다는 의미로 지어졌다. 생과일주스 브랜드 '쥬시'는 따로 설명하지 않아도 누구나 주스 브랜드라는 걸 알 수 있다. '라라브레드'라는 이름도 이런 고민의 과정을 거쳐 탄생했다. 기분이 좋고 즐거울 때 나도 모르게 흥이 절로 나고 랄라라 콧노래를 부르게 되는 것에서 착안해 '라라브레드'가 탄생한 것이다. 여기에 덧붙여 'We baked the joy(즐거움을 굽다)'라는 슬로건까지 어우러지니 '먹으면 기분이 좋아지는 식빵, 즐거움을 경험하는 브런치'라는 정체성을 명확하게 드러낼 수 있었다.

메뉴 이름, 그냥 짓지 마라

이름의 흥미로운 효과는 라라브레드 브런치 메뉴 네이밍에서도 엿볼 수 있다. 브런치와 빵이라는 카테고리 자체는 특별한 차별점이 없지만 맛에 관해서만큼은 누구보다 자신이 있었다. 그래서 생각한 것이 바로 '특별한' 이름을 붙여 호기심과 상상력을 이끌어내는 것이었다. 아보카도와 새우를 넣은 샌드위치를 '아보카도새우 샌드위치'라고 하지 않고 뭔가 재미있는 상상을 이끌어내면 좋겠다고 생각했다. 그래서 영화 〈스타워즈: 제국의 역습〉을 패러디해 '아보카도 새우의 역습'이라는 이름을 지었다. '수상한 토마토 샐러드'는 상을 '수상하다'라는 의미와 보통과 달리 이상하여 의심스럽다는 의미의 '수상하다'까지 두 가지 의미를 중의적으로 담아 유머러스한 느낌을 연출했다.

재미와 유머를 잡은 것은 물론 제품의 특성을 직설적으로 드러내어 사람들에게 확실하게 각인된 이름도 있다. 지금까지도 라라브레드의 스테디셀러인 '쫄깃식빵'이다. 쫄깃식빵은 이름에 별다른 설명이 필요 없다. 듣는 순간 '아, 이것은 쫄깃한 식빵이구나' 하는 점을 직관적으로 알 수 있지 않은가. 때론 이리저리 우회하고 비트는 것보다 솔직하고 직설적인 이름도 필요하다. 한때 빵 속에 인절미가 들어간 인절미빵이 유행한 적이 있는데 너도나도 인절미빵을 만들었기 때문에 우리만의 특별한 차별화 포인트를 만들고 싶었다. 그래서 라라브레드의 빵에는 인절미와 팥을 넣기로 했다. 팥과 인절미가 들어간 빵은 말 그대로 '팥인절미' 빵이다. 우리는 여기에서 한 글자를 빼 '팥절미' 빵이라고 이름 붙였다. 제품 특성을 알 수 있으면서도 적절한 변형을 통한 재미요소까지 더해져 팥절미는 사람들의 눈과 귀를 사로잡았고, 물론 그 맛도 훌륭해 불티나게 팔려나갔다.

　이름은 짧지만 강렬한 인상을 남길 수 있어야 한다. 15초짜리 광고 안에 제품의 특장점을 압축적으로 담아내듯이, 우리는 이 짧은 이름 속에 핵심이 되는 요소를 응축하고 때론 스토리를 만들어 입혀야 한다. 고객은 생각보다 우리에게 관심이 없고 집중력을 발휘하지 않는다. 자체 이벤트를 해서 포스터를 붙여보면 얼마나 우리 행사에 별다른 관심이 없는지 알 수 있다. 설령 메뉴 자체가 평범하더라도 이름을 특별하게 짓는다면 한 번 더 눈길이 갈 수밖에 없다. 이름도 전략이다.

라라브레드의 스테디셀러 '쫄깃식빵'

이름 덕분에 SNS에서도 유명해진 '팥절미' 빵

잼이야, 물감이야?

라라브레드 베이커리 파트에서 가장 인기 있으면서도 기본이 되는 제품은 바로 식빵이다. 식빵전문점으로 출발했으니 우리는 식빵에 관해서만큼은 남다른 자부심을 갖고 있었다. 식빵은 보통 버터나 잼을 발라 먹기 때문에 우리의 주력상품인 식빵과 함께 잼까지 만들어 내놓으면 좋을 것 같았다.

잼을 개발하기 위해 연구하던 중, 우리는 뜻밖의 문제들을 발견했다. 잼은 보통 자(Jar) 타입의 용기에 들어 있는데, 잼을 빵과 곁들여 먹기 위해서는 버터나이프나 숟가락이 필요하다. 빵은 언제 어디서나 쉽고 빠르게 주식 대용으로 먹을 수 있는 제품인데 바쁜 아침 시간에 언제 그걸 펴바르고 있나 싶은 생각이 들었다. 게다가 잼은 끈적이고 걸쭉해서 병에 담긴 걸 끝까지 깨끗하게 먹을 수가 없고, 용량이 크다 보니 끝까지 먹기도 전에 유통기한이 다 되어 버리게 되는 경우가 많다.

우리는 이런 단점들을 극복할 새로운 형태의 잼을 개발하기로 했다. 바로 물감처럼 짜서 먹는 잼. 물감잼은 '잼을 치약이나 핸드 크림처럼 한 번에 쭈욱 짜서 먹는다면 얼마나 간편할까?' 하는 상상에서 시작되었다. 짜 먹는 잼은 일단 용량이 적어서 금방 소비할 수 있고, 마지막까지 남김없이 먹을 수 있으며, 휴대 또한 간편하다. 게다가 물감의 색깔처럼 다양한 종류의 잼을 개발할 수 있

고객에게 즐거움을 전하는 물감잼은 라라브레드만의 시그니처가 되었다.

물감잼의 종류는 에스프레소 모카 맛, 얼그레이 맛, 녹차 밀크 맛 등 다양하며, 현재 10종류가 개발되었다.

었다. 실제로 라라브레드의 물감잼을 모두 모아 진열해놓으면 정말 물감 세트를 보는 것처럼 알록달록하고 아름다워 시각적인 주목도도 높았다. 이렇게 만들어진 물감잼은 선물용으로도 큰 인기를 얻었고 1인 가구 같은 소규모 가정에서 자주 찾는 효자상품으로 자리 잡았다.

무언가를 파는 사람이라면 소비자의 욕구를 파악할 줄 알아야 한다. 그와 동시에 있는 줄도 몰랐던 욕망을 발굴해 제안할 줄도 알아야 한다. 우리는 기존의 잼이라는 상품이 가진 약점을 분석해 보다 개선된 형태의 잼을 선보였고, 물감이라는 재미있는 모티브를 활용해 새로운 디자인 콘셉트를 제시하면서 고객들의 눈과 입을 즐겁게 했다. 혁신은 거창하고 대단한 것이 아니다. 이미 존재하는 수많은 것들 속에서, 무엇을 어떻게 연결하고 결합하고 창조해낼 것인지 고민하는 것에서부터 출발하면 된다.

메뉴판은 기능적이어야 한다

요즘은 주문대와 픽업대를 구분해 고객이 직접 주문하고 픽업하는 셀프서비스가 많지만, 여전히 식당이나 호프집 등에서는 메뉴판을 활용한다. 메뉴판에 들어갈 메뉴 리스트를 업체에 전달해 찍어낸 듯이 비슷한 메뉴판을 내놓는 매장도 있고 자신들만의 개성을 살려 독창적인 메뉴판을 만드는 곳도 있다. 태블릿PC나 QR 코드를 활용해 메뉴를 보여주기도 한다. 어떤 형식이나 형태든지 메뉴판을 만든다면 다음의 사항을 반드시 고려하자.

1. 사진을 넣어라

백 마디 말보다 한 장의 사진이 훨씬 많은 것을 말해준다. 특히 비주얼이 뛰어난 메뉴라면 반드시 사진을 넣어라. 영상과 이미지에 익숙한 요즘 세대는 사진만 보고 메뉴를 선택하기도 한다.

2. 사진은 왼쪽에, 텍스트는 오른쪽에 배치하라

우리의 시선은 항상 왼쪽부터 시작해 오른쪽으로 이동하기 때문이다. 사진을 위에 텍스트를 아래에 배치해도 좋다. 항상 이미지에 먼저 시선을 집중시키도록 하자.

3. 비싼 것부터 상단에 배치해 순차로 아래로 내려오게 구성하라

낮은 가격순으로 메뉴를 구성하면 뒤로 갈수록 비싸지는 가격에 저항감이 커져서 아래쪽은 보지도 않게 된다. 비싼 메뉴에도 시선을 놓지 않게 하려면 비싼 것부터 상단에 배치하자.

4. 메뉴판 이미지는 반드시 전문가를 통해 촬영하라

실제 음식보다 훨씬 맛있어 보이는 이미지여야 상상력과 호기

심을 자극할 수 있다. 절대 대충 찍지 말자. 크몽이나 숨고 같은 앱
을 통해 유능한 프리랜서 포토그래퍼에게 맡기자.

라라브레드의 실제 메뉴판 사진. 퀄리티 높은 사진을 넣고, 이미지가 텍스트보다 먼저
읽히며, 비싼 가격부터 제시하는 기본 원칙을 적용했다.

원가 계산법과 일·월 매출표 작성법

● 원가를 계산하는 방법

1. 재료의 g당 원가 구하기

1) 재료 가격 ÷ 재료 무게

 예) 마요네즈 3.2kg의 가격이 9000원일 경우,

 9000원 ÷ 3200g ➜ g당 2.8원이다.

2) 재료 가격 ÷ 재료 개수

 예) 계란 30개의 가격이 6000원일 경우,

 6000원 ÷ 30개 ➜ 개당 200원이다.

2. 레시피에 대입하기

계란 샌드위치를 만든다고 생각해보자. 이때 속 재료의 원가를 먼저 구해보자. 원가의 합계를 g(개)의 합계로 나누면 속 재료의 g당 원가를 계산할 수 있다.

속 재료

재료	g(개)	g당 원가(원)	원가(원)
계란(5개)	5	200	1000
마요네즈	50	2.8	140
연유	10	7.8	78
후추	0.1	18.7	1.87
소금	2.5	0.7	1.75
옥수수	110	2	220
총합	177.6		1441.62
속 재료 g당			8.1

이제 속 재료 원가 외에 샌드위치에 들어가는 모든 재료의 원가도 함께 계산해보자.

계란 샌드위치의 적절한 가격

재료	g(개)	g당 원가(원)	원가(원)
속 재료	90	8.1	729
모닝빵(1개)	1	150	150
버터	3	8.6	25.8
계란 샌드위치 1개			904.8

3. 원가율 계산하기

재료 가격의 상승과 환경 조건에 따라 원가율을 조정할 수 있게 여러 경우의 판매가격을 대입해보며, 적절한 판매가격을 정해보자.

원가율은 최종 원가 ÷ 판매가격 으로 계산한다. 매장 이익률은 100% − 원가율 이다.

계란 샌드위치 1개의 원가

판매가격(원)	최종 원가(원)	원가율	매장 이익률
4000	904.8	22.62%	77.38%
3500	904.8	25.85%	74.15%
3000	904.8	30.16%	69.84%

포장비까지 고려하면 더 정확하게 원가를 구할 수 있으며, 순수 재료비의 원가율은 30%를 넘어선 안 된다.

● 일 매출표와 월 매출표 작성하기

아래의 QR코드에 접속하면 각각의 엑셀 양식을 내려받을 수 있다.

5

어디에서 팔 것인가?

재주넘는 곰이 되지 말자

매출이 안정적으로 유지되고 찾는 사람도 많아지자 자영업자들이 필연적으로 맞이하게 되는 순간이 다가왔다. 바로 임대료 상승! 그 어떤 점포가 들어와도 장사가 안 돼서 나가고, 상권이랄 것도 없는 동네였는데 라라브레드가 폭발적으로 성장하자 건물 주인은 당연한 듯이 임대료를 올리고자 했다. 카페가 입소문이 나자 부동산 디벨로퍼들에게 입점 문의가 쏟아졌다. 라라브레드가 입점하면 건물의 가치가 올라간다는 걸 너무 잘 아는 것이다.

이 건물의 가치를 상승시킨 건 라라브레드의 브랜드 파워인데 그로 인한 이익을 건물주가 취하다니. 어딘가 앞뒤가 맞지 않는 것 같다. 재주는 곰이 부리고 돈은 왕서방이 받는 형국이다. 나는 그동안 남 좋은 일만 하고 있었던 게 아닐까? 실제로 15년 동안 월세로 수억 원을 냈다는 생각이 주마등처럼 스쳤다. 이런 식이라면 라라브레드 2호점을 오픈해도 2호점 역시 갑질은 갑질대로 당하고 이익은 건물주가 가져가는 상황이 반복될 것이다. 그렇다면 답은 하나다. 내가 건물주가 되는 것. 겨우 카페 하나를 성공했다고 건물주가 되겠다니 그게 무슨 허황된 꿈이냐고 하겠지만 모르시는 말씀이다.

그 시절은 고향 광주에 다니느라고 KTX를 타고 서울역과 광주송정역을 오가던 때였다. 기차 안에서 신문을 읽고 있는데 송정역과 관련된 뉴스 하나가 눈에 띄었다. 달빛내륙철도라는 이름으로 광주송정역과 서대구역을 잇는 열차가 개통된다는 것이다. 그동안 전라도와 경상도를 가로지르는 열차 노선이 없어서 영호남의 왕래가 힘들었는데 드디어 노선 개통 논의가 본격적으로 시작되었다. 지하철이나 열차 노선이 하나 더 생긴다는 건 그만큼 유동인구가 늘고 상권이 발달한다는 뜻이다. 송정역은 광주에서도 외곽 지역이라 주변에 상권이라고 할 만한 게 없었지만 영호남 노선이 개통된다면 얘기가 달라진다. 승객들의 이동 편의도 좋아지지만 부동산 측면에서도 새로운 호재로 작용하게 될 것이다.

그날부터 송정역 근처를 돌며 건물을 물색하기 시작했다. 상가들이 모인 지역을 지나가고 있는데 상업지역에서는 흔치 않은 낡은 단독주택 세 채가 덩그러니 남아 있는 게 보였다. 알아보니 그 동네가 대부분 상업시설로 바뀌는 와중에도 할아버지, 할머니들이 모여 사는 세 가구만 개발이 되지 않은 채로 남았다고 한다. 그 중에 앞뒤로 담장을 마주하고 있는 주택이 눈에 띄었다. 두 집을 합하면 내가 원했던 카페 규모가 나올 것 같았다. 당장 시세를 알아봤다. 앞집은 평당 매매가가 900만 원, 뒷집은 450만 원이라고 했다. 문제는 앞집이었다. 뒷집은 10년 동안 매물로 나와 있던 터라 바로 매수하면 되는데 앞집을 내놓지 않으면 뒷집이 맹지와 다름없는 쓸모없는 집이 되어버리니 반드시 앞집을 사야만 했다. 앞집을 사지 못하면 뒷집을 살 이유가 없었다. 막걸리를 사들고 앞집의 어르신을 찾아갔다.

"어르신, 제가 여기서 장사를 해보고 싶습니다. 이 집, 저한테 파세요."

"아니 멀쩡한 집을 왜 팔아. 안 판당께."

오랫동안 살던 집을 갑자기 판다는 게 보통 사람에게도 쉽지 않은 일인데 나이 드신 분들에게는 더더욱 쉽지 않은 일일 것이다. 단번에 거래가 성사되리라고 기대하진 않았다. 그때부터 수시로 어르신을 찾아뵈었다. 젊은 청년이 포기하지 않고 성심성의껏 찾아오고 설득하니 할아버지도 마음이 조금 흔들리는 것 같았다. 그러면서도 쉽게 결정을 못 내리던 차, 할머니가 구원투수로 등장했다.

"아이고 영감! 우리도 아파트 가서 살아봅시다. 나도 이제 늙어서 마당 있는 집 관리도 힘들고 우풍 들어서 추워 죽겠당께."

할머니의 하소연이 할아버지의 마음을 움직였다.

"얼마 줄 건디? 평당 한 1000만 원 줄 거여?"

"네, 1000만 원. 드리겠습니다."

할아버지는 그 집을 아주 오래전 평당 100만 원에 샀다. 그리고 지금 시세는 900만 원이다. 그럼에도 선뜻 1000만 원을 드리겠다고 한 데에는 이유가 있었다. 뒷집의 시세가 450만 원이니 앞집을 평당 1000만 원에 사도 두 필지를 모두 합치면 평균 725만 원에 구입하는 셈이다. 이후 그 땅을 다시 되팔 때는 바로 팔아도 1000만 원, 혹은 그 이상에 매도할 수 있다. 뒷집까지 합필할 계획을 갖고 있었기 때문에 시세보다 조금 비싸도 충분히 매입할 가치가 있었던 것이다.

어르신 부부는 집을 나에게 넘기고 따뜻한 아파트로 이사 가셨다. 나는 도로에 인접한 앞집과 앞집에 가려 잘 보이지 않는 뒷집까지 모두 매입하는 데 성공했다. 두 집을 매입하는 데 든 비용은 총 10억 5000만 원. 그러나 내가 실제로 지불한 돈은 1억 3000만 원이었다. 현재 주택담보대출 비율은 40퍼센트지만 상업용 건물에 대한 담보대출 상한선은 훨씬 높다. 당시 대출 가능 상한선은 감정가의 80퍼센트에 가까웠고, 그 덕에 자본금 1억 3000만 원으로 10억짜리 부동산을 구입할 수 있었던 것이다. 또한 어르신과 직접 계약했기 때문에 부동산에 비싼 복비를 내지 않고 인근 부동산에 표준계약서를 부탁해 10만 원 비용으로 계약서를 쓰고 등기할 수 있었다.

담보대출 비율은 정부 정책에 따라 조금씩 변동될 수 있지만 상업용 건물은 주택과 달리 그 변동 폭이 크지 않다. 지금도 감정가의 70~90퍼센트까지 대출이 가능하다. 자기 자본이 조금 부족하다면 이자가 조금 높더라도 제2금융권을 이용해보는 것이다. 또 다른 방법은 담보를 제공하는 것이다. 신용에 따라 다르지만 금리를 2배 가까이 낮출 수 있어 오히려 리스크가 줄어든다. 은행에서는 이자만 요구하기 때문에 담보가 사라질 일은 현저히 낮다.

많은 돈을 대출받는다면 이자는 어떻게 할까? 당시 라라브레드 송정점이 있던 상권에서 그 정도 규모의 상가를 임대하려면 월 임대료로 적어도 700만 원은 지불해야 했지만 대출이자는 월 350~400만 원 정도였다. 월세보다 대출이자가 훨씬 저렴한 것이다. 물론 금리 변동이나 개인 또는 법인의 신용도에 따라 편차는 있겠지만 그걸 고려한다 해도 결과적으로 월세보다 이자가 저렴한 것이 현실이다. 어차피 내가 직접 영업할 공간이기 때문에 공실 리스크가 없고 매월 지출되는 비용도 훨씬 저렴하다면 건물을 매입하지 않을 이유가 없다.

라라브레드 송정점을 오픈하고 2년 뒤 나는 건물을 다시 매도했다. 송정점 영업도 성공적으로 이루어졌고 덕분에 유동 인구가 늘면서 주변 상권까지 영향을 미치니 당연히 건물의 가치가 올라갔다. 평당 725만 원에 샀지만 1800만 원에 팔았다. 모든 세금과 비용을 다 제외하고도 7억여 원의 시세차익을 얻었다.

7억. 1년 만에 7억 원의 이익을 남겼다는 사실에 정신이 멍해졌다. 건물을 매입해서 1년 뒤 되팔기만 했는데도 7억 원이 생겼다.

2호점을 예전처럼 임대로 영업했다면 1년 동안 나는 얼마를 벌었을까. 영업이익은 어느 정도 얻었겠지만 그게 전부였을 것이다. 그런데 건물을 사들인 후 영업을 하니 매장의 영업이익과 함께 부동산 시세차익까지 손에 쥐게 됐다. 사업소득과 자산소득을 동시에 얻었으니 실질적으로 7억 원 이상의 가치를 보증한 셈이다.

영업이익으로 연 1억 원을 벌었다면 7억 원을 벌기 위해서는 7년의 시간이 필요했을 것이다. 그런데 단 2년 만에 7억 원을 벌었으니 심봉사의 눈이 번쩍 뜨이듯이 눈이 휘둥그레졌다. 처음에는 충격과 허탈감, 박탈감 등 기묘한 감정이 소용돌이쳤다. 그리고 시간이 지나자 다른 사람들도 나처럼 이런 경험을 해봤으면 좋겠다는 생각이 들었다.

나는 라라브레드 2호점의 부동산을 매도하면서 얻은 수익으로 다시 3호점의 건물을 매입했고 3호점 영업이 안정궤도에 오르자 다시 매도해서 4호점 건물을 매입했다. 부동산을 통해 자산 규모를 계속해서 늘리면 수익 창출의 기회도 그만큼 늘어난다. 부자가 되려면 열심히 살아야 한다고 생각했다. 하지만 열심히만 살아서 되는 게 아니었다. 잘해야 된다. 돈이 돈을 번다. 돈이 움직이는 흐름을 얼마나 아느냐에 따라 적당한 중산층이 될 수도, 100억대의 부자가 될 수도 있다. 이제는 정보가 곧 돈이 되는 세상이다.

자영업자도 건물주가 될 수 있다

건물을 매입해 입점하니 건물주의 갑질에 휘둘릴 일도 없고 월세보다 이자가 저렴하니 비용도 줄었다. 임대료 부담이 없으니 안정적인 영업이 가능하고 부동산 상승의 시류를 잘 타서 타이밍이 좋다면 자산소득까지 크게 얻을 수 있다. 월세보다 저렴한 이자를 내니 비용에 매월 40~50퍼센트의 여유가 생긴다. 나는 이 돈을 건물주가 아닌 고객에게 제공했다. 객단가를 낮추거나 서비스를 늘려 고객이 더 적은 돈으로 더 좋은 경험을 할 수 있도록 한 것이다. 이 좋은 걸 왜 이제야 알았을까. 왜 수많은 자영업자가 이런 길을 가지 않을까.

소규모 자영업자들은 당장 창업비용을 마련하는 것만으로도 골치가 아프기 때문에 본인 스스로 건물주가 된다는 생각을 하지 못한다. 나 역시 그랬다. 죽어라 일하며 일평생 모아봤자 겨우 창업 자본금 정도에 그치는데 그 상황에서 건물을 매입한다? 아마 상상도 못할 일일 것이다. 실질적인 셈을 해보지도 않고 건물주가 되는 건 돈 많은 사람에게나 해당한다며 막연한 두려움만 가득하다. 그래서 창업 과정에서 상가 임대 이외의 방법은 선택지 안에 들어가지도 않는다.

하지만 금융과 제도를 잘 이용하고 어느 것이 영업에 더 유리한지 손익을 계산해보면 소규모 자영업자라도, 그 누구라도 건물주가 될 수 있다. 건물주가 되어 부동산 자산가치가 커지면, 시장상황의 변화에 따라 매출이 들쭉날쭉하더라도 안정적으로 영업을 지속할 수 있다. 창업을 준비하는 모든 예비 사장님들이 꼭 이 가능성을 꿈꿀 수 있다면 좋겠다. 시대가 변했다. 열심히 장사만 하고 살면 벼락거지가 될 수 있다. 사장님이 잘못됐다는 게 아니다. 장사에만 매몰되지 말라는 얘기를 해주고 싶다. 많은 지식과 정보를 얻고 직접 경험해보길 바란다.

월세보다 이자를: 월세는 비용이고 이자는 투자다

앞서 라라브레드 송정점의 사례에서 보듯이, 8억 원이 넘는 돈을 대출받는다는 건 굉장히 부담되는 것처럼 느껴지지만 실제로 월세보다 대출이자가 저렴했다. 많은 자영업자가 월세를 내는 것은 당연하게 생각하면서도 대출이자라면 두려워 벌벌 떤다. 하지만 월세는 건물주의 주머니로 들어가 없어져버리는 돈이지만, 이자는 자본주의에서 가장 중요한 신용을 높여주며 내 자산을 보존해주는 기능을 한다. 심지어 월세보다 이자가 더 싸다면 이를 마다할 이유가 전혀 없다. 설령 이자와 월세가 동일한 금액이라 해도 이자가 훨씬 가치 있다. 월세는 지출이지만 이자는 투자다.

40평 건물을 매입하면서 10억 원의 대출을 받았다고 치자. 연이율이 6퍼센트라면 이자는 연 6000만 원, 월 500만 원이다. 이 건물의 평단가가 2년 뒤 300만 원만 올라도 차익은 1억 2000만 원에 달한다. 월세를 한 달에 500만 원씩 내는 사람과 이자를 500만 원씩 내는 사람이 2년 뒤 벌어들일 수익을 계산해보라. 또한 부동산 소득은 현금화할 수 있는 자산이라서 사정이 급하면 언제든 처분할 수 있다. 상업용 건물은 주택과는 다르게 부동산 시장이 크게 요동치지 않는 편이지만 시세가 많이 오르지 않더라도 최소한 매입가와 동일하게, 손해 보지 않고 처분할 수 있다. 따라서 건물을 매입했다가 부동산이 폭락하여 손해를 볼까 두려워할 필요가 없다.

내가 사서 내가 들어간다: 공실 리스크 없는 매입

상가건물을 매입할 때 가장 큰 리스크는 공실 문제다. 기껏 건물을 샀는데 세입자가 없어서 공실로 방치하게 된다면 임대소득을 가져갈 수가 없어서 난감해진다. 또 세입자가 들어온다 해도 계약기간을 채우지 못하고 폐업을 하게 되면 다음 세입자를 구해야 하고 그게 잘 안되면 역시 공실이 생긴다. 하지만 건물주가 직접 영업을 할 것이라면 이 문제는 고민할 필요가 없다. 부동산 매입의 제1목적이 임대가 아니라 영업이기 때문이다. 만약 건물의 시세차익만을 노린다면 굳이 건물주 본인이 매장을 운영할 필요가 없다.

부동산투기를 하라는 게 아니다. 건물주가 되어서 월세보다 적은 금액으로 자산소득을 동시에 획득하면서 안정적으로 사업을 이어나가라는 뜻이지, 시세차익만을 노린 투기를 하라는 의미가 아니다. 월세가 부담스러운 자영업자가 조금이나마 저렴한 비용으로 영업을 할 수 있다는 것, 그 저렴한 비용(이자)의 혜택을 보기 위해서는 은행에서 목돈을 빌려야 한다는 부담이 있지만 그 부담은 부동산 상황이 좋을 경우 저렴한 월세와 더불어 시세차익으로 돌아온다는 것, 그리하여 자영업의 불안정성을 어느 정도 상쇄할 수 있다는 것을 강조하고 싶다.

두 개의 필지를 하나로: 합필 전략

라라브레드 송정점의 경우처럼 두 개의 필지를 하나로 합치는 전략은 새로운 것이 아니다. 아파트 재개발 지역에서 땅을 사들일 때 대부분 이런 식으로 매입을 진행한다. 상대적으로 저렴한 땅과 상대적으로 시세가 높은 땅을 같이 사서 하나의 필지로 합하면 매입 비용은 내려가고 매도 비용은 올라간다.

그러니까 알이 크고 비싼 딸기 한 상자와 알이 작고 저렴한 딸기 한 상자를 같이 사서 둘을 한 상자에 담아 되판다고 생각하면 쉽다. 물론 이런 전략은 조건이 딱 맞는 필지를 찾는다는 전제 아래 유효한 것이지만, 열심히 발품을 팔면 이런 필지는 의외로 많다. 도로변에 위치한 건물의 뒤편을 잘 살펴보면 아무래도 앞 건물에 가려져서 노출이 어려워 상가로서의 가치가 조금 떨어지는 건물이 있을 확률이 높다. 그런 경우 뒤편의 건물은 매매가 잘 이루어지지 않기 때문에 시세보다 아주 조금만 올려줘도 금방 거래가 성사된다. 뒤편 건물의 시세를 조금 높게 쳐주더라도 앞 건물보다는 저렴하기 때문에 합필했을 때의 이득은 새로운 소유자가 차지할 수 있다.

예비 창업자들이 멘토링을 요청해올 때 나는 이 '건물주 되기'를 적극 권장한다. 라라브레드 잠실점을 운영하면서 온갖 노력은 세입자가 하고 그로 인한 이득은 건물주가 가져가는 것을 경험하니 너무 억울했다. 단지 건물을 소유하고 있다는 이유만으로 아무런 노력도 없이 세입자의 월세와 건물 가치 상승분까지 가져가다니. 하지만 그저 억울해하고만 있을 게 아니라 다른 선택지도 존재한다. 나의 노력으로 건물 가치가 상승했다면 그로 인해 발생한 이익도 내가 가져가는 것 말이다.

이런 조언들을 예비 창업자들에게 들려주면 대부분 남의 얘기처럼 듣고 흘려버린다. 일의 우선순위를 잘못 설정하고 있기 때문이다. 사업을 하다 보면 당장 이익이 눈에 보이지 않는다는 이유로, 매장 운영이 바빠서 방대한 정보들을 찾을 시간이 없다는 이유로, 나아질 수 있는 방법이 있음에도 실천하지 못하는 경우가 많다. 나중에, 돈을 더 모은 다음에, 이번 사업을 성공시킨 다음에…. 이렇게 건물주가 될 수 있는 길을 뒤로 미룬다.

상가건물을 산다는 건 거창한 게 아니다. 20층짜리 고층빌딩을 사라는 게 아니다. 분식집을 하고 싶다면 분식집을 할 만한 상권의 작은 점포라도, 내 소유로 만들어 사업을 이어나가라는 것이다. 현대사회에서 사업을 하면서 빚을 두려워해서는 안 된다. 빚을 이용해야 한다. 내가 레버리지를 이용하지 않으면 타인의 레버리지를 이용당한다.

유동 인구라는 함정

라라브레드 잠실점의 성공으로 우리는 조금 고무되었다. 오픈
샌드위치로 유명해졌으니 가볍게 소규모 샌드위치 전문점을 추가
로 열어보자고 마음을 모았다.

때는 한창 '연트럴파크'가 폭발하던 시점이었다. 홍대입구역에
서부터 연남동까지 이어지던 경의선 기찻길이 사라지고 '경의선
숲길'이라는 이름의 공원이 탄생했다. 홍대 주변 상권의 모든 유
동 인구를 몽땅 흡수한 것처럼, 사람들은 이곳으로 몰려들었다. 뉴
욕의 센트럴파크처럼 도심 한복판의 녹지를 즐길 수 있다고 해서
'연트럴파크(연남동+센트럴파크)'라 불렸는데, 정말 외국의 도심 공
원을 방불케 하는 이국적인 정취가 물씬 풍겼다. 한 걸음만 나서
면 대로변이 있고 클럽과 술집 등이 밀집한 번화가였지만, 연트럴
파크 안으로 들어오면 사람들은 잔디 위에 앉아서 도란도란 얘기
를 나누며 맥주를 마셨고, 한가로이 반려견과 산책하는 사람들과

흥에 겨워 버스킹을 하는 사람들이 공존했다.

"와, 이 상권 진짜 물 반, 물고기 반이네!"

현장조사차 연트럴파크를 찾은 우리는 엄청난 인파에 깜짝 놀랐다. 연트럴파크는 그야말로 발 디딜 틈이 없을 정도로 사람들로 가득했다. 중앙의 공원길을 중심으로 양 옆에 상가들이 줄지어 늘어서 있는데 소실점이 어딘가 싶을 만큼 끝도 없이 이어졌다. 우리는 누가 먼저랄 것도 없이 이곳에 건강 샌드위치 전문점을 오픈하기로 결정했다. 라라브레드의 세컨드브랜드로 느껴질 수 있게 라라(Lala) 앞에 플러스(Plus)의 P를 붙여서 '플라라'라는 이름으로 간판을 내걸었다. 입으로 소리 내어 발음해보면 '플라라'에서 느껴지는 '풀'의 이미지가 건강하고 신선한 샌드위치의 가치와 연결되기도 했다.

선선한 바람이 부는 가을 어느 날, 플라라의 개업 준비를 마치고 손님을 기다렸다. 기다리고 또 기다렸다. 하지만 아무리 기다려도 손님은 오지 않았다. 연트럴파크의 그 많던 사람들은 다 어디로 갔단 말인가. 이렇게 사람이 많은 동네에서 장사 못하면 바보 아닌가 생각했는데 우리가 그 바보가 되고 있었다. 그나마 가을에는 뜸하긴 해도 한 번씩 찾아주는 사람이 있었는데 겨울이 되고 날이 추워지자 손님은 뚝 끊겼다. 일단 우리의 존재를 알리기 위해 시식용 빵을 들고 매장 앞으로 나갔다. 지나가는 몇 안 되는 사람들에게 한 번씩 맛보라고 빵을 나눠주고 있는데 공원 관리자가 나타났다.

"여기서 호객행위 하시면 안 됩니다."

관리자에게 가로막힌 우리는 조용히 매장으로 들어왔다. 도대체 그 많던 사람들은 다 어디로 사라져버린 걸까?

유동 인구가 다 우리 손님은 아니다

유동 인구가 다 우리 손님이 되는 건 아니라는 사실을 당연히 알고 있었다. 그럼에도 현장에서 목격한 인파가 너무나 대단했기 때문에 그때 이성의 끈을 놓쳐버린 것이다. '이 정도로 사람이 많은데 유효수요가 무슨 의미가 있나, 이렇게 많은 사람 가운데 우리 손님이 없을 리가 없다'라고 생각했다.

연트럴파크에 사람이 많은 것은 사실이지만 플라라가 입점한 매장 위치의 문제를 간과했다. 연트럴파크의 상권은 이미 훌륭하기 때문에 후미진 곳, 길의 끝 쪽에 있어도 상관없었다. 이전에 장사하던 곳들도 다 그랬으니까. 아무리 위치가 안 좋아도 나는 해냈다. 마케팅과 제품에 자신이 있었기에 제품 경쟁력이 있다면 얼마든지 소비 고객을 끌어올 수 있다고 생각했다.

하지만 이번에는 이런 자신감이 통하지 않았던 것이다. 연트럴파크는 초입에 홍대입구역 출구가 있고 그 출구를 시작으로 연남동 안쪽까지 길게 이어지는데, 뒤로 갈수록 상가보다는 주택가가 많아지고 번화가와 멀어진다. 그리고 더 들어가면 거대한 고가도로가 인근의 대단지 아파트를 가로막고 있는 형태라서 그쪽에서 유입되는 인구는 거의 없다. 사람들은 보통 홍대입구역에서 친구와 연인을 만나 연트럴파크로 들어오는데 플라라 매장은 연트럴파크가 거의 끝나는 지점에 있었다. 그러니 이미 초입에서 먹고 마신 뒤 한적한 길에서 산책하는 중이라 빵이나 샌드위치를 먹을 이유가 없거나, 매장이 너무 안쪽에 있어서 손님들이 거기까지 들어오지 않는 것이다.

소규모 점포라도 경쟁업체 분석은 필수

그렇다면 연트럴파크 안쪽에 위치한 점포들은 모두 영업이 안될까? 그렇지 않았다. 분명 불리한 입지를 극복하고 장사를 잘하고 있는 매장들이 있었다. 굳이 안쪽까지 들어오지 않고도 먹고 마실 수 있는 즐길 거리가 넘쳐나는데, 그럼에도 불구하고 안쪽 깊이까지 오게 만드는 힘을 가진 곳들이 존재한다는 것이다.

우리는 연남동 플라라가 라라브레드 잠실점에 비해 소규모 카페라는 이유로 자영업을 하는 사람이라면 반드시 거쳐야 할 상권 분석과 경쟁업체 분석을 건너 뛰어버렸다. 아무리 작은 점포라도 장사를 시작하고자 한다면 절대 소홀히 하지 말았어야 했는데 넘쳐나는 인파에 눈이 멀어버렸달까. 예비 창업자분들은 절대 이런 실수를 하지 않기를 바란다. 준비 과정에서 놓친 것들은 사업의 성패에 치명적인 영향을 미친다.

경쟁업체들의 매출이 얼마나 나오는지 알 수 있는 방법은 다양하다. 음식점의 경우 영업이 끝나는 시간에 밖에 내놓은 잔반통의 양이 얼마나 되는지 확인하면 장사가 잘되는 집인지 아닌지 알 수 있다. 잔반통에 남은 음식이 많을수록 손님이 많이 왔다갔다는 뜻이다. 주류를 함께 판매하는 고깃집이나 술집의 경우 맥주병 수거 박스를 확인하면 된다. 빈 병이 얼마나 많은지를 살펴보면 대략적인 매출 상태를 알 수 있다. 커피전문점의 경우 영수증을 잘 관찰해 보라. 영수증 구석에는 주문 건수가 번호로 적혀 있는데, 저녁 7시에 내가 받은 영수증에 찍힌 테이블 숫자가 30이라면 오늘 하루 동안 다녀간 손님이 30팀이라는 뜻이다. 내가 입점하고자 하는 점포의 주변에 경쟁 카페가 있다면 영업 마감 즈음에 들러 커피 한 잔을 시켜보면 된다.

직원의 수가 몇 명인지 살펴보는 것도 좋다. 손님이 많이 들면 인력을 늘릴 수밖에 없기 때문이다. 하지만 널찍한 매장에 손님보다 직원이 더 많다면? 매장 면적에 대비해 넘치는 고용인력이 놀고 있을 때 알 수 있는 것은 분명하지 않은가. 물론 시간대를 잘 봐야 한다. 고깃집이 오전 10시부터 북적일 수는 없는 노릇이니까.

이러한 관찰은 하루 이틀 해서는 정확한 결과를 알 수 없다. 적어도 1~2주 이상, 평일과 주말 포함해서 꾸준하게 관찰을 하는 게 좋다. 그 가운에 유독 장사가 잘되는 집이 있다면 잘되는 이유가 무엇인지 여러 각도로 분석해봐야 한다. 해당 매장에 들어갔다가 나오는 손님에게 양해를 구하고 잠시 인터뷰를 해보는 것도 좋고 본인이 직접 그 매장을 이용해보면 더욱 좋다. 무엇이 됐든 잘되는 집에는 반드시 잘되는 이유가 있다. 반대로 안되는 집은 안되는 이유가 있다. 때론 벤치마킹보다 반면교사가 더 유용하다. 장사가 안되는 집은 왜 안되는지 그 이유를 분석해보면서 다른 창업자가 했던 실수를 반복하지 않도록 노력하는 것도 중요하다. 상권정보 홈페이지(sg.sbiz.or.kr)나 카드사들이 제공하는 지역 상권 매출정보를 참고하는 것도 좋다.

어중간한 마음으로는 아무것도 안된다

6개월도 되지 않아 플라라는 문을 닫았다. 사실 좀 더 개선할 점을 찾고 천천히 지켜봤다면 폐업하지 않을 수도 있었다. 15평짜리 소규모 매장에서 월 매출이 1500만 원 정도 나왔으니 성과가 아주 나쁜 것은 아니었다. 그럼에도 과감하게 폐업을 결정한 것은 플라라 운영에 임하는 나의 자세가 부끄러웠기 때문이다.

플라라 오픈 당시 나에겐 라라브레드 잠실점이라는 보험이 있었다. 이미 안정적인 매출을 내주는 매장이 있었기 때문에 플라라에는 간절함이 없었다. 한번 해보고 잘되면 좋고 안되면 어쩔 수없는, 그런 마음으로 시작한 것이다. 그런 어중간한 마음으로는 결코 잘될 리가 없다는 걸 알면서도 여유 있는 성공을 경험하고 나니 마음이 잠시 흐트러진 것 같다.

지금까지는 사업을 하면서 항상 나 자신을 극단까지 밀어붙여왔다. 더 물러설 곳이 없으니 여기서 망하면 끝장이라는 극한의 절박함이 있으면 어떤 경우에도 최선을 다하게 된다. 그래서 창업 관련 멘토링을 할 때 내가 가장 강조하는 것이 항상 절박한 마음으로 최선을 다하라는 것이다. 이 사업체가 내가 가진 전부일 때, 조금이라도 삐끗하면 모든 것을 잃는 상황이기에 누구나 불안할 수밖에 없다. 하지만 바로 그 불안이 창업자의 정신을 붙들어주는 동력이 된다.

플라라의 부진을 겪으면서 나는 스스로를 돌아보기보다는 다른 사람에게 원망의 화살을 돌렸다. 하지만 사실 나는 알고 있었다. 이 모든 결과는 내 잘못이라는 것을. 아직은 내가 사업가로서의 그릇을 갖추지 못했음을 뼈저리게 느낀 기회였다. 크고 작은 실수와 실패는 언제나 우리에게 새로운 배움과 성장을 안겨준다. 언뜻 한 걸음 물러선 것처럼 보이지만 오히려 나는 이런 과정을 통해 사업가로서 다시 한 단계 나아갔다고 믿는다.

전 지구적 위기 속에서 살아남기

라라브레드는 잠실점을 시작으로 광주 송정점, 공릉점, 길동점, 안국점, 한남점, 대치점 등 여러 후속 매장을 오픈하며 승승장구했다. 타르타르를 운영하면서 프랜차이즈에 관해 깨달은 바가 많았기 때문에 라라브레드의 전 매장은 모두 직영점 또는 지사로 운영했다. 지사의 경우 본사의 관할 아래 본사의 일을 대신 맡아 하는 개념이기에 프랜차이즈와는 다르다. 현재 양산점, 여수점, 부산대점을 지사로 두고 있으며, 다른 곳은 모두 직영점으로 운영하고 있다. 여러 매장을 동시에 운영하고 관리하는 것은 쉽지 않았지만 나의 철학과 경영 방식에는 이게 맞는다고 판단했다. 그리고 그 판단의 결과는 숫자로 나타났다.

첫 매장인 잠실점의 월 매출 2000만 원으로 시작해 2019년 회사 전체 매출 100억 원을 기록하기까지 정말 숨 가쁘게 달려왔다. 라라브레드는 이제 단순한 카페가 아니라 하나의 브랜드가 되었다.

이렇게 막힘없이 나아가던 중에 갑작스러운 위기가 닥쳤다. 바로 모든 자영업자들의 피를 말렸던 코로나19라는 감염병의 유행이었다. 그동안 우리 사회에 감염병 사태가 없지는 않았지만 코로나19는 감염의 양상과 전파력이 남달랐고 지독히도 오랫동안 종식되질 않았다. 한국에서는 2020년 2월부터 대유행이 시작되었고 여름이면 끝나겠지, 겨울이면 끝나겠지, 해가 바뀌면 나아지겠지, 하던 것이 햇수로 3년이나 되었다. 그 사이에 수많은 자영업자가 무너져갔다. 코로나19로 인해 여러 산업 분야가 타격을 입었지만 그중에서도 자영업자들이 입은 피해는 엄청났다. 사회적 거리두기 시행으로 인해 외식업의 경우 동시에 여러 명의 손님을 받을 수 없었고 영업시간 제한으로 늦게까지 영업을 하지도 못했다. 사람들은 외출을 자제했고 거리는 텅 비었다.

이런 전 지구적인 위기 속에서 라라브레드는 어떻게 살아남았을까. 물론 우리도 도저히 코로나19라는 벽을 넘지 못한 경우가 있었다. 그럼에도 아직은 굳건하게 라라브레드라는 브랜드를 지키고 버틸 수 있었던 힘은 뜻밖의 선택에서 비롯되었다.

골목상권이 라라브레드를 지탱했다

"도대체 왜 그 동네에 카페를 차리는 거야?"

라라브레드 신규 매장을 오픈할 때마다 주변 사람들은 대부분 의아하다는 반응을 보였다. 올데이 브런치와 베이커리를 취급하는 카페를 노원, 강동, 광주 외곽 지역에 오픈한다고 하니 그럴 만도 했다. 게다가 상권이랄 것도 없어 보이는 주택가나 시장 골목, 원룸촌, 학원가 등만 콕 집어 들어갔으니, 누구라도 고개를 갸웃거렸을 것이다.

우리가 그런 결정을 한 이유는 베이커리는 굳이 핫플레이스에 들어갈 필요가 없다는 걸 알았기 때문이다. 빵이나 브런치는 기본적으로 지역 주민들이 구매해주는 게 가장 기본 바탕이 되고, 외부에서 유입되는 소비자는 2차적인 플러스 수요로 감안하면 된다. '핫'하고 '힙'하다는 건 잠시 폭발적인 매출을 기대할 수는 있지만 지속성이 떨어진다. 철새처럼 몇 바퀴 돌면 끝나는 장사다. 해당 시기에 떠오르는 상권에 들어가게 되면 처음에는 상권 덕을 볼 수 있지만, 만약 그 상권이 어떤 이유에서든 하락세를 탄다면 그 영향도 고스란히 받게 된다. 내가 아무리 열심히 노력해도 상권 자체가 몰락하면 다시 일어서는 데 한계가 있다.

무엇보다 그렇게 비싼 상권에 들어가 무리하게 임대료를 내면서 영업하고 싶지 않았다. 임대료가 비싸다는 말은 그만큼 경쟁이 치열하다는 뜻이다. 나는 비싼 임대료를 내면서 그 경쟁을 치르고 싶지 않다. 그 돈으로 투자나 고객을 위한 프로모션을 한 번이라도 더 하는 게 장기적인 관점에서 영업에 유리하다. 나는 온라인 마케팅 업체를 운영하면서 쌓은 노하우가 있었기 때문에 마케팅의 중요성을 누구보다 잘 알았고 그만큼 잘 해낼 자신이 있었다. 반드시 중심 상권에 들어갈 필요는 없다. 외식업을 하는 데 있어서 상권이 전부는 아니다. 그래서 라라브레드는 가능한 직영으로 운영하고, 상가를 매입해서 입점하며, 번화가가 아닌 동네 상권을 선택한다는 기본 원칙을 갖게 됐다.

코로나19를 피할 수 없었던 조건들

한남점, 대치점은 예외적으로 이 원칙에서 조금씩 벗어나 있었다(안국점은 애초에 플래그십 스토어로 진행된 1년짜리 단기 프로젝트였다). 한남점은 동네 상권이 아닌 술집들이 많이 모여 있는 번화가였고 매입이 아닌 임대로 입점했다. 2층짜리 단독주택 건물에 마당까지 딸린 예쁜 매장이었는데 빵보다는 식사 메뉴 위주로 판매되었고 직장인이나 라이더들이 많이 찾았다. 야외 테이블이 있어서 반려견 동반 손님들에게 인기가 좋았다. 분위기가 참 좋은 매장이라서 개인적으로 아끼는 곳이었다. 그렇게 영업이 성공적으로 잘됐지만 결국 코로나19로 직격탄을 맞았다. 워낙 '핫'한 번화가였기 때문에 사회적 거리두기, 영업시간 제한 등이 시행되자 순식간에 방문객이 뚝 끊긴 것이다. 주변 상점과 식당, 카페도 하루에 한 테이블 받기가 힘들 정도로 상황이 좋지 않았다. 임대 상가였기 때문에 임대료를 감당하기에는 매출이 충분하지 못해서 오래 버티기가 어려웠다.

대치점도 코로나19 영향으로 문을 닫았다. 대치점은 번화가가 아닌 동네 상권이긴 했지만, 주 소비층이 학원가의 학부모와 학생들이었기 때문이다. 감염병 사태로 인해 다중이용시설은 엄격한 영업 제한을 피할 수 없었고 결국 학원가는 폭탄을 맞은 듯 조용해졌다. 하필 코로나19의 대유행이 시작되었던 2020년 2월에 매장을 오픈하는 바람에 자리를 잡기도 전에 영업을 접어야 했다. 아이가 태어나자마자 빛도 보지 못하고 사라져버린 느낌이었다. 라라브레드를 확장하면서 강남 지역에도 매장을 운영하고 싶은 욕심이 있었다. 물론 강남의 상업지구나 역세권 번화가가 아닌 동네 상권을 찾아서 대치동 학원가와 대단지 아파트를 겨냥해 들어간 것인데 예상치 못한 감염병 사태에 손발이 묶이고 말았다.

코로나19에도 힘이 되어준 조건들

공릉점은 '왜 하필 여기에 매장을 오픈하냐'라는 말을 제일 많이 들은 곳이었다. 나는 서울 사람이 아니라서 서울의 각 지역에 대한 편견이나 고정된 이미지가 없다. 그래서 상권을 찾을 때 막연한 이미지만으로 판단하지 않는다. 매장을 열어볼 만한 곳이 있다면 그곳이 어떤 지역이라도 상관없다.

우연히 신문에 소개된 '공리단길' 기사를 읽었다. 경의선이 지하로 들어가게 되면서 경의선 숲길이 만들어진 것처럼, 옛 경춘선이 오가던 철로를 단장해 경춘선 숲길이라는 이름의 공원이 만들어졌다는 것이다. 제2의 센트럴파크를 꿈꾸듯이 '공트럴파크'라는 애칭이 붙기도 하고, 제2의 경리단길이 되겠다는 듯이 '공리단길'로 불리기도 했다. 어딘가 뜨는 지역이 있다고 하면 '~트럴파크' '~리단길' '~로수길' 등으로 이름 붙이는 게 유행인 시절이었다.

서울 중심가가 아닌 주택 밀집 지역에 생긴 옛 철길을 재단장한 공원이라는 점이 흥미로웠다. 그렇다고 센트럴파크의 플라라 시절처럼 실수를 반복해서는 안 되니 이번에는 좀 더 꼼꼼하게 확인해야겠다고 생각했다. 막상 현장을 가보니 공리단길이라는 거창한 이름과는 어울리지 않게 아직은 특징적인 상권이 형성되지 않은 아주 평범한 주택가였다. 한가롭고 평화로운 공원 가까이에 주택들이 오밀조밀 모여 있는 동네. 그곳에서 모퉁이에 위치한 허름한 건물 하나를 발견했다. 낡았지만 건물에서 내려다본 풍경은 기가 막혔다. 공원 전경이 한눈에 내다보였다. 대지는 작았지만 층을 올리면 충분한 공간이 확보될 것 같았다.

그곳에 라라브레드 공릉점이 둥지를 틀었다. 그리고 감염병이 전 세계를 휩쓰는 와중에도 공릉점은 굳건하게 그 자리를 지켰다. 물론 매출이 예전 같지는 않았다. 이전에 비해 매출이 20퍼센트 정도는 줄었지만 그래도 완전히 직격타를 맞진 않았다. 사람들이 외출을 자제하고 모임을 줄였기 때문에 약속 장소로 즐겨 이용되던 번화가는 크게 휘청거렸지만 동네 상권인 공릉점은 애초에 지역 주민을 주요 타깃으로 영업을 해왔던 터라 상대적으로 별다른 변화가 없었다. 매장에서 커피를 마시며 친구와 대화하기는 어려워도 집에서 가까운 카페에 들러 빵을 사고 커피를 사는 수요는 그대로 유지되었기 때문이다.

길동점도 마찬가지다. 복조리시장 골목 초입에 자리한 길동점은 '핫'하고 '힙'한 동네는 아니지만 지역 주민들의 사랑방 역할을 하며 꾸준하게 영업을 이어오고 있다. 매장 주변에는 트렌디한 대형 프랜차이즈보다는 반찬가게나 작은 식당들이 즐비해 있어서 그 사이에서 라라브레드도 동네 사람들의 군것질거리를 해결해주는 상점으로 자리 잡은 것이다.

부동산이라는 든든한 자산

자영업자들이 무너진 데에 결정적인 역할을 한 것은 바로 매출 하락과 임대료였다. 매출이 평소의 절반, 아니 그 이하로 떨어지는데 고정적으로 나가야 할 임대료는 변함이 없으니 수입은 없고 지

평범한 주택가 골목 사이에 자리한
라라브레드 공릉점

복조리시장 골목 초입에 위치한
라라브레드 길동점

출만 축적되어 도저히 버틸 수가 없는 것이다. 상황이 안 좋으면 인건비나 재료비, 판매관리비 등은 어떻게든 재량껏 줄여볼 수 있지만 임대료는 영업 상황과 상관없이 계약 기간 내에는 반드시 나갈 수밖에 없는 비용이다. 실제로 임대 매장이었던 한남점과 대치점은 임대료만 월 800~1000만 원에 달해 코로나 시국의 불황을 버티기 어려웠다.

라라브레드가 건재할 수 있었던 또 하나의 비결은 바로 부동산이다. 광주 송정점 이후로 계속해서 건물을 매입해 입점해왔기 때문에 우선 임대료 걱정이 없었다. 물론 대출이자는 있었지만 임대료보다는 저렴하니 부담이 적었다. 고정비 부담이 적다는 것은 위기 상황에서 생각보다 큰 힘을 발휘했다. 거기에 입지적인 이점까지 더해져 매출 하락의 폭이 크지 않았으니 전 지구적인 위기 속에서도 브랜드를 유지할 수 있었던 것이다. 게다가 코로나19로 여러 산업들이 무너지고 경제상황은 나빠졌지만 부동산이나 주식 등의 자산 가치는 오히려 오르면서 보유하고 있는 건물의 시세도 덩달아 큰 폭으로 상승했다. 만약 예상보다 매출 하락을 심하게 겪었더라도 언제든 부동산 자산을 처분할 수 있고 또 담보대출의 기회가 있으니 어느 정도 버틸 힘은 비축해둔 셈이다.

골목이 기회다: 어디서 장사할 것인가

상권에 들어가지 말고 상권을 만들어라

사업을 기획하고 매장의 위치를 선정할 때, 우리는 자연스럽게 '장사가 잘될 법한' 상권을 찾게 된다. 사람들이 많이 오고가는 곳, 주변 인프라가 잘 갖춰진 곳, 젊은이들에게 주목받는 곳들을 찾다 보면 필연적으로 감당해야 할 것은 바로 비싼 임대료다. 상권이 발달한 지역은 그만큼의 가치가 있기 때문에 비용을 치르는 것은 당연하다. 자본금에 여유만 있다면 이 부분은 고민할 필요도 없을 것이다. 하지만 이미 발달한 상권에 들어간다고 해서 내 가게도 함께 흥한다는 보장은 없다. 내 눈에 좋아 보이는 거라면 남들에게도 똑같다. 모두가 같은 마음으로 모여들었으니 경쟁이 치열할 수밖에 없다.

라라브레드가 성공적으로 여러 지점을 운영할 수 있었던 것은 바로 이 부분에서 차별화를 꾀했기 때문이다. 우리는 이미 발달한 상권에 들어가지 않고 가능성이 보이는 곳을 찾아갔다. 비용의 문제도 있었지만 그보다는 아직 발달하지 않은 상권에 들어가 그 지역의 선두업체로 성장해 상권을 리드하는 선점효과를 노리기 위해서였다. 이 전략은 대부분 맞았고 매장을 하나씩 성공시킬 때마다 그 보람과 희열도 함께 커갔다. 내가 이 상권을 일으키겠다는 각오로 상권의 가능성을 판단하자.

골목상권 체크리스트

아직 발달하지 않은 상권이라고 해서 아무것도 없는 허허벌판에서 시작하라는 말은 아니다. 가능성을 판단하기 위해서는 다양한 요소를 꼼꼼하게 체크하고 분석해야 한다. 다음의 체크리스트를 살펴보면서 내가 염두에 둔 상권이 이에 해당하는지 확인하고, 부족한 점이 있다면 어떻게 개선하고 보완할 수 있을지 고민해보자.

1. 찾아오기 쉬운 곳인가: 교통 인프라 확인하기

내 가게에 찾아오는 데 불편함이 없을지 확인해보라. 지하철이나 버스를 이용했을 때 역이나 정류장에서 도보로 찾아오기 좋은 위치인지, 자차를 이용할 경우 주차 공간은 확보되어 있는지 확인하자. 작은 골목상권의 경우 주차가 불편한 경우가 많은데, 주변 공영주차장을 이용할 수 있거나 월 사용료를 지불하고 임대할 수 있는 주차장이 있다면 어느 정도 보완할 수 있다. 동네 주민들을 대상으로 영업하는 업종이라면 주차 공간 확보를 최우선으로 생각할 필요는 없다.

2. 누가 찾아올 것인가: 세대수와 타깃 고객의 유효수요를 조사하라

주변의 거주 인구를 확인해야 한다. 골목상권은 기본적으로 '동네 장사'라는 점을 잊으면 안 된다. 내 가게가 좀 더 알려지거나 상권이 성장한다면 멀리서도 찾아올 고객까지 감안할 수 있지만 일단 기본 고객은 거주민이다. 특히 빵이나 김밥, 반찬 등의 일상적인 메뉴를 판매한다면 주변 거주 인구가 어느 정도 확보되어 있어야 확장도 가능하다. 타깃 고객은 우선 주변에 있어야 한다. 그 수요가 얼마나 될지 부지런히 발품을 팔아 확인해보자.

3. 사람들은 어떻게 움직이는가: 동선을 확인하라

골목상권에서 사람들이 어떤 경로로 어떻게 이동하는지 관찰해보자. 거주민들이 지하철역이나 버스 정류장으로 가기 위한 통로가 되는 길은 어디인지, 어떤 골목에서 주로 소비가 이뤄지는지, 어떤 길이 소비 사각지대인지, 식당과 카페 등을 방문하는 순서는 어떠한지, 어떤 시간대에 유동 인구가 가장 많은지, 어디서 나와 어디로 가는지 지켜보면 같은 상권 안에서도 가장 적절한 공간을 탐색할 수 있을 것이다.

4. 누구와 경쟁하는가: 경쟁업체가 없다면 왜 없는지 조사하라

상권이 발달하지 않은 현장을 방문했을 때, 경쟁 상대가 될 만한 매장이 거의 없을 수도 있다. 상권으로서의 발전 가능성이 낮기 때문일 수도 있고, 아직 긁지 않은 복권을 아무도 발견하지 못한 것일 수도 있다. 이 경우 거주 중인 주민 20명 이상을 대상으로 인터뷰를 해보자. 왜 동네에서 소비생활을 하지 않는지, 어떤 매장이 생기기를 희망하는지, 자신이 구상하고 있는 업종을 이용할 의향이 있는지, 거주 만족도는 어떠한지 등을 묻고 결과를 분석하면 상권 선택에 좋은 자료가 될 것이다.

5. 무엇이 손님을 끌어들이는가: 영업을 잘하고 있는 매장이 있다면 이유를 확인하라

상권 전체가 흥하지는 않지만 몇 안 되는 매장 가운데에도 특별히 장사가 잘되는 곳이 있다면 그 이유가 무엇인지 확인해보자. 이때 가장 중요한 것은 그곳을 방문한 손님들을 직접 인터뷰하는 것이다. 이 매장을 자주 이용하는지, 왜 자주 방문하는지, 어떤 점이 만족스러운지, 어떤 메뉴를 주로 구입하는지 등을 물어보자. 장사가 잘되는 집의 장점을 배우는 건 무조건 중요하다(물론 가게 앞에서 대놓고 인터뷰를 하지는 말자. 손님이 업주의 시야에서 벗어난 뒤에 접촉하는 게 좋다).

라라브레드 골목상권의 과거와 현재

잠실점(서울특별시 송파구 오금로16길 4)

라라브레드 첫 매장인 잠실점을 오픈할 때까지만 해도, 그 거리는 허름한 뒷골목 원룸촌이었다. 주거지로서는 더할 나위 없는 곳이었지만 주변에 마땅히 소비생활을 할 곳이 없었다. 그러나 주민들의 휴식처가 되어주는 석촌호수와 늘 방문객이 넘쳐나는 롯데월드와 롯데월드타워몰, 경기 동남부를 오고가는 광역버스 거점이라는 지리적 장점이 크다고 판단했다. 지금은 상권이 발달하면서 송파동의 경리단길, 송리단길로 불리며 멀리서도 찾아오는 손님이 많은 핫한 동네가 되었다.

송정점(광주광역시 광산구 광산로19번길 24)

광주송정역은 원래 중심 역이 아니었다. 광주 외곽에 있는 작은 역이었고, 광산구로 통합되기 전까지 송정리라는 작은 시골 지역이었다. 그러나 KTX가 들어서고 유동 인구가 많아지면서 상권이 조금씩 발달하기 시작했고 주변이 정비되었다. 그렇다고 특별히 번화한 동네는 아니었는데 전라도와 경상도를 연결하는 철도노선이 신설된다는 소식에 발전 가능성을 보았다.

공릉점(서울특별시 노원구 공릉로41길 32)

멀리서 일부러 찾아오는 번화가가 아니라 조용하고 한적한 주택가였다. 이제 막 경춘선 숲길 조성을 마친 상태여서 상권이라고 할 만한 게 형성되어 있지 않았다. 하지만 서울과학기술대, 육군사관학교, 서울여대, 광운대 등 대학가로 둘러싸여 있어 젊은 1인 가구가 많이 거주하고 있었다. 그 흔한 스타벅스나 파리바게트가 하나도 없는 동네였지만 경춘선숲길 공원을 더 확장하고 개발할 계획까지 있다고 하니 성장 가능성은 충분해 보였다. 지금은 '공리단길'이라는 애칭으로 불리며 지역의 명소로 확고하게 자리를 잡았다.

길동점(서울 강동구 양재대로116길 13)

원래는 천호역 개발을 기대하고 근처 매물을 알아보고 있었다. 그러다가 우연히 인근의 길동 복조리시장 골목을 발견했다. 상권은 어느 정도 형성되어 있었지만 특별히 주목할 만한 이슈는 없었다. 하지만 전형적인 동네상권, 골목상권으로서의 장점은 모두 갖추고 있었다. 그래서 땅을 매입한 후 건물을 올려 아기자기하면서도 세련된 느낌으로 매장을 꾸몄고, 지금은 동네에서 가장 예쁘고 이색적인 브런치 카페로 동네 주민들의 사랑방 노릇을 톡톡히 하고 있다.

부산대점(부산광역시 금정구 장전온천천로 73)

2021년 12월에 오픈했다. 도보로 부산대역 지하철역까지는 2~3분,

부산대까지는 5~7분 걸리는 곳에 위치해 있다. 동네 상권과 대학 상권 모두를 챙길 수 있다는 강점이 있는 동시에, 중심 도로에서 한 블록이 들어가 있어 비교적 월세가 저렴하다. 매장 앞에 공영주차장이 있다는 것도 이곳을 낙점하게 된 중요한 이유다.

위에서부터 라라브레드 잠실점, 부산대점

좋은 입지 vs 나쁜 입지

● 좋은 입지

• 유동 인구가 많은 곳

• 접근하기 편한 곳

• 오피스와 주거 지구가 혼재된 곳

• 편의시설이 충분한 곳

• 주차장이 있는 곳

• 버스 정류장이나 지하철역을 끼고 있는 곳

• 양방향으로 접근이 가능한 코너 점포

• 주변에 빈 점포가 없고 권리금이 있는 곳

  (상권이 어느 정도 형성되어 있고 매출이 있다는 의미다.)

• 주변에 노점상이 많은 곳

• 반경 500미터 이내 3000세대 이상의 아파트를 확보할 수 있는 상가

● 나쁜 입지

• 상가의 연속성이 끊어진 점포

(유사한 업종끼리 모여 있는 곳에 홀로 들어선 엉뚱한 업종)

• 주변에 식당이 없는 경우(식당은 모여 있을수록 좋다.)

• 건물주가 유사업종에 종사하는 경우

(계약만료 시 건물주가 영업을 가로챌 수 있다.)

• 임대료가 너무 싼 경우(하자 및 근저당, 담보 등의 문제가 있을 수 있다.)

• 권리금이 없는 경우

(유의미한 매출이 없거나 상권 형성이 미비해 초보자가 도전하기엔 힘들다.)

• 공실률이 50퍼센트 이상인 신규 상가

• 요란한 광고로 분양하는 대형빌딩

(분양 완료라고 해서 현혹되지 말자! 분양과 임차는 다르다.)

• 주인이나 간판이 자주 바뀌는 점포

• 앞에 매장을 가리는 주차장이 있는 점포

• 장례식장, 종교단체, 유흥시설 등이 함께 있는 점포

• 같은 업종의 큰 점포 옆에 작은 점포로 창업하는 경우

• 엘리베이터 없이 계단만 있는 상가

• 교통량이 많고 속도가 빠른 도로변

• 상권의 중심이 아니라 길목에 있는 점포

(건물이 안쪽으로 들어가 있다면 더더욱 피하자.)

라라브레드 인테리어 분투기

라라브레드에는 포토존이 있기도 하고 없기도 하다. 일부러 사진을 찍으라고 만들어놓은 포토존은 없지만 손님들이 자연스럽게 알아서 찾는 포토존은 있다는 말이다.

손님들이 매장에 방문해 사진을 찍고 인스타그램이나 각종 SNS에 인증하는 것은 좋은 홍보 수단이 된다. 그래서 한때는 전략적으로 너도나도 '포토존' 만들기에 열을 올리던 시절이 있었다. 소위 '사진빨'을 잘 받을 수 있도록 조명을 설치하고 감각적인 오브제나 식물을 비치하거나 잡다한 배경들에 영향을 받지 않도록 깔끔하게 벽면을 정리했다. 인기 좀 있다는 카페에 가면 포토존은 거의 필수였다.

라라브레드도 처음에는 그런 포토존을 꾸며볼까 고민했다. 송정점의 경우 단독주택을 아기자기하게 개조했기 때문에 출입구에 주택 느낌이 물씬 나는 공간을 구성하면 사진 찍기에 좋은 자리가 될 것 같았다. 그러나 손님들의 카페 이용 패턴을 자세히 살펴보니 인위적으로 만들어놓은 '사진 찍기 좋은 스팟'을 이용하기보다는 자신만의 개성을 담아 창의적으로 시도하는 걸 더욱 즐기는 듯했다. 한눈에 봐도 '여기서 사진 찍으세요'라고 말하는 공간보다 자신이 먹고 마시며 즐거운 시간을 보냈던 공간을 자신만의 시각으로 담아 다양한 방식으로 인증샷을 남겼다.

고객은 항상 우리를 앞선다. 처음부터 모든 것을 완벽하게 계획할 필요가 없다. 공간이 생기면 그 공간을 이용하는 사람들이 새로운 숨을 불어넣고, 그러면서 자연스럽게 이곳만의 분위기와 문화가 자리 잡는다. 그럼에도 포토존을 계획하고 싶은 예비 창업가가 있다면, 지나치게 인위적이지 않게 꾸민 듯 안 꾸민 듯, 말 그대로 '꾸안꾸' 스타일로 구성하길 권한다. 마음껏 뛰어놀라고 멍석을 깔아주되 그 멍석은 누가 일부러 펼쳐놓은 게 아니라 우연히 그곳에 널브러져 있었던 것처럼 편안해야 마음 놓고 놀게 되지 않겠는가.

라라브레드가 2호점, 3호점, 4호점…. 매장을 늘려가면서 우리의 고민도 함께 늘었다. 브랜드 정체성을 일관되게 유지하기 위해 인테리어 콘셉트를 통일할 것인지, 브랜드 정체성을 크게 흔들지 않는 선에서 각각의 지점마다 개성을 살릴 것인지 말이다. 브랜딩을 강화하는 측면에서 보자면, 프랜차이즈 브랜드처럼 모든 지점이 일관된 이미지를 만들어내는 게 옳은 선택이었지만 우리는 후자를

따뜻하고 아늑한 느낌을 주는 광주 송정점 외부

레트로한 느낌을 살린 광주 송정점 내부

택했다. 각각의 지점이 자리 잡은 지역적 특색을 살리고 동네 분위기와 조화롭게 어울리고 동네 특유의 문화를 끌어오는 것이 라라브레드만의 색깔을 만들어나가는 길이라고 생각했기 때문이다.

광주의 기차역 앞에 위치한 송정점은 따뜻하고 아늑한, 그러면서도 어린 시절 향수를 자극하는 레트로한 느낌을 살렸다면, 길동점과 대치점은 멀리서 찾아오는 손님보다는 동네 주민들을 타깃 고객으로 설정해 부담 없이 깔끔한 디자인을 택했다. 멀리서도 굳이 찾아올 만한 상권과 동네 주민들이 일상적으로 방문하는 매장 위주의 상권은 확실히 타깃 고객의 취향, 성별, 연령, 직업 등 다른 점이 많기 때문이다. 송정점은 친구와의 만남, 연인과의 데이트를 즐기러 오는 젊은 세대들이 많았기 때문에, 예스럽고 레트로한 감성을 살린 인테리어를 무척 신선하게 받아들였다. 한남점 역시 술집과 카페가 많은 번화가 한복판에 마당 넓은 단독주택 카페가 나타나니 일에 지친 직장인과 연인들이 편안하게 쉬면서 시간을 보낼 수 있다며 즐겨 찾았다.

인테리어 비용 아끼는 법

매장 인테리어를 하는 가장 손쉬운 방법은 인테리어 전문 업체에 디자인부터 시공까지 모두 맡기는 것이다. 자금에 충분한 여유가 있다면 비용이 얼마가 들든 전문가에게 맡기는 것이 가장 안전한 방법일 것이다. 하지만 대부분의 예비 창업자들은 있는 돈, 없는 돈 다 끌어모으고 대출까지 받아서 사업을 시작하기 때문에 자금 여유가 충분하지 않다. 이럴 때일수록 비용을 줄일 수 있는 부분에서는 최대한 절약해야 한다.

인테리어는 사업 운영에서 매우 중요한 부분이지만 적절한 발품과 수고를 곁들인다면 비용을 아낄 수 있는 요소가 많다. 먼저 인테리어 전문 업체에 모든 것을 맡기지 않고 사업주 스스로 현장 소장이 되어보자. 보통 업체에 의뢰하면 디자인을 하고 도면을 만든 뒤 전기, 배수설비, 목공, 타일 등 각각의 시공업체들을 섭외해 공사를 총괄 진행해준다. 이 경우 사업주가 신경 쓸 부분이 적어져 편리하긴 하지만 비용이 만만치 않다. 여기서 시공업체를 사업주가 직접 섭외해 진행하면 현장 진행 비용과 수수료를 절감할 수 있다.

단, 디자인은 전문 업체에 맡기는 것이 좋다. 디자인은 모든 것의 시작이자 기초다. 인테리어 디자인 콘셉트를 잡는 것부터 컬러 배색, 자재 선정, 동선 구성 등이 이루어지기 때문에 이 기초 단계에서 계획이 잘못되면 아무리 열심히 시공업체를 섭외해도 좋은 결과물을 보장할 수 없다. 인테리어 디자인은 전문성이 각별히 요구되는 분야다.

따라서 디자인은 전문 업체에 의뢰하고 시공은 사업주가 직접 섭외 및 총괄하면, 디자인과 시공 모두를 진행하는 전문 업체에 맡기는 것보다 10~30퍼센트의 비용을 절감할 수 있다. 10~20퍼센트가 별거 아닌 숫자처럼 보이는가? 업체 의뢰비용이 5000만 원이라면, 20퍼센트만 줄여도 1000만 원을 아낄 수 있다. 결코 적은 비용이 아니다.

라라브레드 송정점의 루프탑 리뉴얼을 진행할 때도 이런 방식으로 해결했더니 비용이 크게 줄었다. 두 군데 업체에서 비교견적을 받았는데 한 군데에서는 4000만 원, 다른 한 군데에서는 5000만 원을 불렀다. 루프탑 리뉴얼을 하면서 우리는 콘셉트를 '캠핑장'으로 잡았는데, 캠핑장은 별다른 도면이 필요한 콘셉트가 아니기에 디자인 과정은 생략했다. 그리고 시공은 직접 업체를 섭외해 진행했더니 총 비용을 1700만 원으로 무려 3000만 원 이상 절감할 수 있었다.

이는 또한 비용만의 문제가 아니다. 자신이 운영할 매장의 인테리어 진행을 직접 경험해봄으로써 유지보수 및 관리에 문제가 생기면 보다 능동적으로 대처할 수 있다. 전문 업체에 모든 것을 다 맡기면 하자보수가 제대로 이뤄지지 않아 사업주가 고생하는 경우가 많다. 전문 업체는 일단 일이 끝났으니 나 몰라라 하는 식인데, 사업주가 시공업체를 하나하나 섭외하고 시공을 진행한 뒤라면 보수 작업이 필요한 분야의 업체에 직접 연락해 적극적으로 보수 요청을 진행할 수 있다. 물론 이렇게 직접 진행하는 과정은 사

캠핑장 콘셉트로 리뉴얼한 광주 송정점 루프탑

직접 업체를 섭외해 비용을 3000만 원 이상 절약할 수 있었다.

업주 본인의 시간과 노력이 많이 들고 시행착오를 겪을 수 있다는 점에서 어느 정도 리스크가 있는 것도 사실이다. 하지만 한 번쯤은 인테리어 시공 진행을 직접 해보길 추천한다. 나만큼 애정을 갖고 내 가게를 만들어나갈 사람은 없다.

건물주 되기를 강추하는 이유

라라브레드 인테리어를 진행할 때 비용을 절반 가까이 절감할 수 있었던 중요한 요인은 바로 내가 '건축주'였다는 점이다. 땅을 사고 건물을 지을 때, 인테리어는 건축 비용에서 아주 큰 부분을 차지하지는 않는다. 애초에 건물을 지을 때 전체 콘셉트가 잡혀 있고 건축 과정에서 설비나 소방, 새시, 타일, 계단 등이 그에 맞게 들어가니 나머지 마감재나 장식적인 요소는 그리 큰 비용이 나가지 않는 것이다. 상가를 임대하지 않고 매입했을 때의 장점이 바로 이것이다. 실제로 라라브레드 길동점에서 인테리어를 따로 진행했다면 비용은 1억 5000만 원 정도 소요되었을 테지만, 건축과 동시에 진행하니 7000만 원에 끝낼 수 있었다.

시공업체를 찾을 때 아무런 정보 없이 무작정 찾아가는 건 곤란하다. 우리 같은 일반인들은 시공과 관련한 단가를 정확히 알지 못하기 때문에 직접 섭외한다고 연락했다가 터무니없는 비용을 지불하게 될 수도 있다. 요즘은 인터넷을 조금만 찾아보면 시공업체 견적, 인건비, 자재비 등의 시세를 금방 알 수 있으니 어느 정도 숙지한 상태에서 견적을 문의해야 한다. 나도 처음에는 되도록 인맥을 거쳐 소개를 통해 업체를 찾았다. 전문가가 비전문가를 속이기는 너무 쉽기 때문에 관계를 통한 신뢰를 바탕으로 소개받았다. 덕분에 그나마 말도 안 되는 가격으로 바가지 쓰는 일을 미리 예방할 수 있었다.

카페는 분위기를 만들어내는 게 중요하기 때문에 각종 소품과 가구들을 구입하는 데에도 신경을 써야 했다. 라라브레드 송정점의 경우, 레트로 가구를 들여놓고 싶어서 이태원 빈티지 숍에 간 적이 있었다. 처음에는 직원이 방문했는데, 영국에서 물 건너 왔다는 식탁 하나가 마음에 들어 가격을 물으니 550만 원을 불렀다. 다음 날 같은 가게에 내가 다시 가서 똑같은 제품의 가격을 물었더니 400만 원이라고 했다.

이런 빈티지 숍은 대부분 정찰제가 아니고 말 그대로 부르는 게 값이다. 그리고 이태원 빈티지 숍은 비교적 상류층 고객을 대상으로 하기 때문에 기본적으로 단가가 높다. 우리는 발길을 돌려 풍물시장이나 황학동 벼룩시장, 종묘 등을 돌았다. 그곳에서 매장에 어울리는 소품과 가구를 저렴하게 구입할 수 있었다. 잘 차려진 매장에서 주인장의 안목을 신뢰하며 구입하는 것은 쉽고 안전한 길일 수 있다. 그러나 자본금이 제한적인 사업주는 얼마나 발품을 파느냐에 따라 비용을 상당히 아낄 수 있음을 기억하자.

오래가는 인테리어의 비밀

인테리어에 너무 돈을 많이 투자하거나 힘들이지 말자. 인테리어는 손님이 매장에 들어섰을 때 가장 먼저 대면하게 되는 브랜드의 이미지이기 때문에 물론 중요하다. 하지만 고급스러운 인테리어, 비싼 자재, 화려한 장식이 무조건 좋은 것은 아니다. 인테리어를 통해 브랜딩을 강화하는 것도 중요하지만 관리의 지속성도 중요하다. 장사는 하루 이틀 할 게 아니기 때문이다.

1. 인테리어는 최대한 노멀하게, 트렌디하지 않게 구성하는 게 좋다

유행의 정점에 있는 디자인은 금방 사라진다. 당장은 '힙'하고 세련돼 보이지만 그 유행이 지나가면 매장도 한물간 매장이 돼버린다. 힙한 인테리어의 효과는 길어야 1~2년이다. 시간이 오래 지나도 질리지 않고 촌스러워 보이지 않으려면 디자인 콘셉트는 다소 평범해 보이더라도 노멀하게 잡는 것이 좋다.

2. 너무 비싼 자재를 사용하는 것도 지양하자

자재가 비싸다고 무조건 내구성이 좋은 것도 아니며, 아무리 내

구성이 좋은 자재라도 하루에도 수많은 손님이 드나드는 외식업 매장에서는 금방 낡아버린다. 손상된 자재를 다시 원상복구하려면 그만큼 비용이 든다. 또 고가의 인테리어 소품을 사람이 많이 드나드는 곳에 놓지 말자. 노심초사하며 손님에게 집중하지 못하는 사장님을 종종 봤다. 인테리어 구성요소들도 결국 소모품이다. 유지관리에 드는 시간과 노력, 비용 등을 고려하면서 계획하도록 하자.

3. 동선을 구성하는 일도 무척 중요하다

디자인 단계에서 일하는 사람과 고객의 동선을 고려해 주방 설비, 출입문, 카운터, 홀 등을 계획하게 되는데 이때 동선 구성이 잘못되면 여러 사람이 고생한다. 특히 일하는 사람이 불편한 동선은 모두에게 영향을 끼친다. 주방에서 일하는 사람은 몸을 많이 움직이지 않고도 한자리에서 식재료 준비, 조리, 설거지 등을 한 번에 해결할 수 있도록 조리대, 화구, 개수대 등을 구성해야 한다. 만약 음식 하나를 준비하기 위해 여기로 갔다, 저기로 갔다, 왔다 갔다 해야 한다면 주방 직원은 금방 지쳐버리고 만다. 별로 넓지도 않은 공간인데 뭘 얼마나 움직이겠나 싶어 대수롭지 않게 생각하면 안 된다. 아무리 작은 공간이라도 그곳에서 일하는 사람은 하루에도 수십, 수백 번을 반복하기 때문이다. 홀 서빙도 마찬가지다. 주문을 받고 음식을 픽업하고 서빙하고 계산하는 등의 과정에 불필요한 체력 소모가 있어서는 안 된다.

식기를 선택할 때도 이런 점을 고려해야 한다. 사진을 찍었을 때 예쁘게 나오는 식기도 좋지만, 조리하고 서빙하는 직원이 편하게 사용할 수 있는지도 생각해야 한다. 한 번은 직원이 정말 예쁜 그릇이라며 거대한 돌덩어리 같은 접시를 가져왔다. 나는 직원에게 그 접시를 한번 들고 옮겨보라고 했다.

"앗, 너무 무겁네요."

접시는 바로 퇴출됐다. 푸드 스타일링을 하기에는 정말 아름다운 접시였지만 직원들의 손목을 부러트릴 수는 없는 법. 직원을 위하는 게 곧 고객을 위한 일이다.

매장이 바빠서 설거지를 도와준 적이 있다. 식기세척기가 없어 직원들이 이렇게 힘들게 일하고 있다는 걸 알게 되었고 음식 버리는 잔반통이 옆에 없어 멀리 자주 왔다 갔다 하는 번거로움이 있다는 것도 알게 되었다. 그 이후로 식기세척기를 설치했으며 더 불편한 동선도 개선할 수 있었다. 집에서는 동선이 조금 불편해도 상관없다. 하루에 한두 번만 하면 끝이니까. 하지만 매장에서는 하루에도 수십 수백 번을 비효율적으로 일할 수 있다. 결국 사장이 일해봐야 최상의 동선이 나온다. 직원들이 힘들면 누가 손해인가. 직원을 못 챙긴 잘못은 결국 부메랑처럼 고스란히 나에게 큰 피해로 돌아온다. 늘 일하는 사람의 노고를 생각해 더욱더 면밀하게 동선을 살펴보자.

6

그리고
어떻게 사랑받을 것인가?

디자이너가 4명이나 근무하는 이유

라라브레드에는 4명의 상근 디자이너가 근무하는 디자인팀이 있다. 사람들은 라라브레드가 디자인 회사도 아니고 패키지나 그래픽디자인을 하는 회사도 아닌데 무슨 디자이너가 그렇게 많냐고 의아해하곤 한다. 디자인은 브랜딩의 시작이자 끝이다. 디자이너를 홀대하는 회사는 결코 제대로 된 브랜딩을 구축할 수 없다.

라라브레드는 로고, 패키지, 캐릭터 등의 모든 디자인을 처음부터 내부 디자이너가 진행했다. 카페 하나를 시작하면서 BI(Brand Identity) 전략을 세우고, 외주 용역으로 디자인을 맡기지 않고 내부 디자이너를 고용하는 일은 흔치 않다. 그럼에도 나는 반드시 내부에 우리 브랜드 아이덴티티를 만들고 유지하고 발전시켜나갈 핵심 인재가 있어야 한다고 생각했다. 하나의 브랜드가 고객에게 오랫동안 사랑받으려면 변하지 않는 브랜드 고유의 색깔과 정체성이 필요하다. 시간의 흐름에 따라 달라지는 소비자의 취향과 트렌드에도 발 빠르게 대응할 수 있어야 한다. 그러므로 디자인이 일회성 외주 작업이어서는 안 된다. 브랜딩은 한 번으로 끝나지 않는다.

라라브레드를 처음 시작할 때 우리가 내세운 슬로건은 'We baked the joy'였다. 고객이 우리 매장에 와서 먹고 마시는 것과 더불어 즐거운 경험을 하기를 바랐기 때문이다. 그 일환으로 광주 송정점에서는 갤러리관을 운영해 브런치를 즐기러 온 손님들이 지역의 예술가들을 만날 수 있게 했고, 어린아이와 함께 방문한 가족 손님들이 색칠놀이를 할 수 있도록 엽서를 제작해서 색연필과 함께 각 매장에 비치하기도 했다. 그렇게 시간이 흐른 뒤 슬로건은 'We make a smile'로 수정되었다. 즐거움을 경험하는 것을 넘어서 우리 매장에 들어서기만 해도 절로 미소가 지어질 수 있기를 바라는 마음이었다. 핵심 메시지는 곧 브랜드다. 메시지를 만들어가는 과정에서도 디자이너의 역할은 중요하다. 간결하고 명확한 슬로건을 함께 만들고, 그것이 고객에게 시각적으로 어떻게 보여야 그 효과를 극대화할 수 있을 것인가 고민하는 사람 역시 디자이너이기 때문이다.

패키지 디자인도 소비자 취향 변화를 반영해 조금씩 달라졌다. 초기에는 로고를 중심으로 패키지 디자인을 구성했는데 최근에는 고객에게 보다 친근하게 다가가기 위해 '라라캣'이라는 캐릭터를 개발해 패키지에 적용하고 다양하게 시도하고 있다. 이렇게 브랜드 정체성을 드러내는 많은 것들이 디자인 영역에서 이루어지기 때문에 아이덴티티를 함께 만들어가고, 지난 히스토리를 함께 지나오며 머리를 맞대고 고민하는 내부 디자이너의 역할이 매우 중요한 것이다.

디자인은 고객 경험과 상품의 가치를 높이는 데에도 중요한 역할을 한다. 아무리 맛있는 빵이라도 밋밋하고 특징 없는 기성 포장지에 담긴 빵과 브랜드의 색깔이 선명하게 드러나는 창의적인 디자인의 포장지에 담겨 있는 빵은 소비자에게 완전히 다른 차원으로 다가간다. 외식업에서는 제품력의 개선에 초점을 맞춰 레시피를 개발하거나 음식의 맛을 업그레이드하는 데에만 공을 들이는 경우가 많다. 물론 외식업에서 가장 중요한 것은 음식이고 계속 발전해나가려는 노력이 필요하다. 다만 그 노력은 음식의 본질인 맛을 향상시키는 것뿐만 아니라 고객이 체감하는 제품 가치를 향상시키는 데에도 일정 부분 할애되어야 한다. 디자인은 단순히 무에서 유를 창조해내는 크리에이티브만이 전부가 아니다. 디자이너는 브랜드 디벨로퍼다.

디자이너를 고용할 수 없는 소규모 1인 사업자라도 디자인을 가볍게 생각하면 안 된다. 전문 업체에 의뢰를 한다면, 아무런 디자인 콘셉트도 정체성도 일관성도 없이 업체에서 알아서 잘해줄 거라는 생각에 기계적으로 일을 맡기지 말자. 다시 강조하지만 내 브랜드의 철학과 신념은 사장이 가장 잘 안다. 미팅을 할 때 적극적으로 참여해야 하는 이유다. 나는 내가 원하는 결과물이 나올 때까지 적극적으로 수정을 요청했다. 요즘에는 크몽이나 숨고, 잡코리아 인재 서치 등 다양한 프리랜서 인력 매칭 서비스가 있으니 숨은 고수들을 만날 기회가 많다. 이런 앱들을 적극 활용해 뛰어난 디자이너를 찾아 꾸준히 함께한다면 내부 디자이너 못지않은 파트너십을 만들어나갈 수 있다.

내가 운영하고 있는 유튜브 채널 '창업오빠 강호동'에서는 영업에 어려움을 겪고 있는 자영업자들을 찾아가 솔루션을 제공하는 콘셉트로 '창업오빠의 골목식당!'이라는 코너를 진행하고 있다. 이 코너를 진행하면서 만난 한 카페의 사장님을 통해 디자인의 중요성을 다시 한번 실감하게 됐다. 이 카페의 이름은 '허니랩'이었다. '허니(꿀)'와 '랩(실험실)'이라는 단어가 조합되어 있으니 당연히 '뭔가 달콤한 디저트를 과감하게 실험하고 도전하는 콘셉트구나' 하고 생각했다. 하지만 막상 매장 여기저기를 둘러보니 '허니랩'이라는 이름과 판매하는 제품과는 아무 상관이 없었다. 노란색 메인컬러가 매장 안에 펼쳐져 있으리라 기대했지만 그 역시 착각이었다.

"왜 이름을 허니랩이라고 지었어요?"

"그냥 입에 딱 붙는 이름이라고 생각했어요."

사장님은 창업 당시 브랜딩의 개념을 생각하지 못했고, 가게 이름과 제품의 연결성도 고려하지 못했다고 고백했다. 커피와 함께 판매하는 마카롱, 스콘 등을 담는 종이 패키지에는 아마추어 느낌이 가득한 스티커 한 장만이 달랑 붙어 있었다. 사장님 부부가 포토샵으로 로고를 만들어 스티커로 제작해 붙였다고 한다. 디자인은 통일성이 없었을 뿐만 아니라 가게의 정체성을 담지도, 제품의 장점을 도드라지게 하지도 못했다. 작은 매장임에도 마카롱과 스콘을 사장님이 전부 직접 만들고 있다고 하는데 그런 장점을 표현해줄 수 있는 요소가 전혀 없었던 것이다.

브랜드의 정체성과 디자인의 일관성은 매장의 규모와 상관없이 매우 중요하다. 하지만 아직도 제품만 보고 창업하는 분들이 많아 무척 안타깝다. 오히려 작은 가게일수록 자신만의 색깔을 더욱 적극적으로 드러내야 이 치열한 외식업계에서 살아남을 수 있다. 로고부터 명함, 앞치마, 간판 등의 요소들은 전혀 사소하지 않다. 브랜딩은 바로 이 작은 이미지가 고객들에게 남긴 잔상의 총합이다. 사업주의 신념과 철학이 이런 부분에서 드러나야 남들과는 다른 우리 가게만의 정체성을 만들고 경쟁력을 가질 수 있다는 점을 잊지 말자.

'We baked the joy'
라라브레드의 슬로건을 표현하는
스마일 로고와 타이포

음식에도 로고 이미지를 적절히 반영하곤 한다.

라라캣 이미지를 활용한 그립톡과 키링.
실제로 라라브레드의 굿즈로 판매하고
있다.

제품 포장에도 라라캣 이미지를 적극 활용한다.

라라브레드 마케팅의 비밀

먹고 마시는 것 이외의 즐거움을 제공하라

우리는 라라브레드를 단순히 식음료만 판매하는 외식업체로 만들고 싶지 않았다. 이름에서도 느낄 수 있듯이 이곳에 오는 사람이라면 누구나 행복하고 즐거운 경험을 할 수 있기를 바랐다. 물론 맛있는 음식을 먹는 것만으로도 행복감을 느낄 수 있겠지만, 라라브레드만이 제공할 수 있는 특별한 경험이 있으면 했다.

브런치 카페라는 특성상 아이들과 함께 오는 가족 단위 손님이 많다는 점에 착안해, 아이들도 즐길 수 있는 놀잇거리를 만들면 좋겠다는 생각을 했다. 그래서 매장 입구에 색칠놀이를 할 수 있는 작은 엽서를 비치했는데 호응이 굉장히 좋았다. 카페에 오면 어른들은 담소를 나누면서 시간을 보내지만 아이들은 따로 즐길거리가 없어 심심하고 지루해하고 엄마를 보채고 급기야는 드러

눕고 우는 일도 생긴다. 그런 아이를 달래기 위해 어쩔 수 없이 스마트폰을 쥐여주는 풍경을 흔하게 목격한다. 그런데 색칠놀이를 할 수 있는 엽서와 간단한 색연필을 구비해두니 엄마가 담소를 나누는 동안 아이도 놀이에 집중할 수 있게 된 것이다. 덕분에 라라브레드에서는 엄마와 아이 모두 즐겁게 시간을 보낼 수 있다.

또 갤러리 공간을 마련해 지역의 여러 재능 있는 작가들을 초빙해 전시회를 열고 굿즈를 판매하기도 했다. 송정점의 건물은 주택 두 개로 나뉘어 있는데 뒤편의 주택을 미니 갤러리로 만들었다. 커피를 마시고 나와 갤러리에 들러 좋은 그림도 감상하고 굿즈도 사면서 문화생활까지 겸하게 되니 손님들의 만족도가 높아졌다. 공간이 있었기에 가능한 시도이긴 했지만, 매출만 생각했다면 홀의 연장으로 그 공간에 테이블을 놓을 수도 있었다. 하지만 테이블 몇 개를 더 놓는 것보다 라라브레드에서만 경험할 수 있는 즐거움을 느끼고 그 기억을 안고 다시 방문해주는 손님들, 그러니까 충성고객을 공고히 하는 것이 장기적으로 훨씬 긍정적인 영향을 미칠 것이라 생각했다. 그리고 그러한 예상은 적중했다. 송정점은 코로나 시국에도 크게 휘청이지 않고 처음과 다름없이 꾸준한 매출을 기록했는데 바로 이런 부분이 충성고객의 마음을 사로잡았으리라 생각된다.

라라브레드의 모든 매장 한편에는 엽서와 색연필이 놓여 있다.

라라브레드 광주 송정점에 전시한 선호랑 작가의 작품들

고객의 피드백이 우리를 살게 한다

우리는 매주 고객의 피드백을 분석하고 그 자료를 통해 끊임없이 개선점을 찾아나갔다. SNS, 블로그, 영수증 리뷰, 구글 평가, 내비게이션 리뷰, 배달 앱 리뷰 등 라라브레드에 관한 소감을 남길 수 있는 플랫폼이라면 모조리 검색해 고객의 니즈가 무엇인지, 어떤 점이 불편했는지, 무엇이 더 필요한지 탐색했다. 그 정보들을 매주 취합해 직원들과 함께 공유했다. 그리고 아무리 사소한 부분이라도 신경 쓰이는 게 있다면 즉시 시정하고 고쳐나갔다.

이렇게 고객의 피드백을 모니터링하는 것은 경영에 있어 매우 중요한 부분이다. 라라브레드가 처음 문을 열었을 때, 식빵집에서부터 출발한 터라 콘셉트 변경 이후에도 빵이나 브런치 부분에만 집중했다. 그러다 보니 상대적으로 커피에는 신경을 덜 썼는데 충격적인 후기를 발견했다.

"설거지하고 버리는 물을 마시는 것 같다."

"이게 무슨 커피냐. 똥물 아니냐."

메인 메뉴가 커피가 아니더라도 커피 맛은 중요하다는 사실을 간과했다. 빵과 브런치가 아무리 맛있어도 함께 곁들이는 커피가 똥물이면 소용없다. 그토록 노력을 기울인 메인 메뉴를 망치는 주범을 잡았으니 고쳐야 하지 않겠는가. 우리는 즉시 로스팅 공장을 마련했다. 유명한 로스터를 모셔와서 로스팅부터 개선하고 대대적인 커피 정비 작업에 들어갔다. 1억여 원을 투자해 커피 맛을 잡았다. 고객의 피드백이 없었다면 우리는 여전히 '똥물' 같은 커피를 팔았을지도 모른다. 아니, 이렇게 라라브레드를 성장시킬 수조차 없었을 것이다. 고객의 피드백을 목숨처럼 귀하게 여기자. 단 하나의 피드백이 내 브랜드를 살릴 수도, 죽일 수도 있다.

오픈 시기에만 할 수 있는 일에 모든 역량을 집중한다

오픈 시 어떻게 하느냐에 따라 초기 매출이 5배 이상 차이가 날 수 있다. 소위 '오픈빨'이라고 하는 이 시기의 매출은 대부분 허수인 경우가 많다. 누군가 외식업장을 개업했다고 하면 일단 주변 지인들이 의리와 선의로 방문해주기 때문이다. 그게 아니라면 호기심에 들러보는 일회성 손님이다. 일회성 손님과 '지인 매출'은 금방 사라진다. 이 '오픈빨'을 일회성 매출이 아닌 꾸준한 매출로 이끌기 위해서는 바로 이 시기에만 할 수 있는 마케팅에 모든 역량을 집중해야 한다. 이 시점이 손님을 끌어들이기 가장 유리한 시기이며, 이때 고객이 된 손님은 앞으로의 매출에도 영향을 미친다.

라라브레드는 각 지점들을 오픈할 때마다 오픈 이벤트에 총력을 기울였다. 특히 라라브레드가 위치한 상권은 대부분 동네 주민들을 대상으로 영업을 하는 곳이었기 때문에 단골손님을 만드는 게 매

광주 양산점을 오픈하고 쫄깃식빵을 15일 동안 100개씩 증정하는 이벤트를 했다.

길동점을 오픈하고 나서도 동일한 이벤트를 진행했다. 덕분에 동네 고객들에게 확실하게 인지도를 쌓을 수 있었다.

우 중요했다. 라라브레드가 오픈하는 날, 우리는 동네 주민을 매장으로 초대했다. 초대는 거창한 게 아니다. 동네를 일상적으로 오고 가는 주민들에게 와서 시식 한번 해보시라고 권유하는 것뿐이다.

무료 시식을 거절하는 사람은 별로 없다. 고객이 가장 호의적인 순간을 놓치지 말자. 지나가는 사람들에게 잠시 들어와 맛있는 빵을 한번 먹어보라고 하면 대부분 선뜻 이에 응하는데, 이때 맛본 빵이 맛있고 마음에 든다면 그 손님은 반드시 다시 온다. 어떤 그룹에서 리더 역할을 하는 적극적인 유형의 손님들은 혼자만 방문하는 데 그치지 않고 항상 여러 친구나 동료 등과 함께 방문한다. 특히 나는 동네 주민들에게 수소문해서 정보력 좋고 인기가 많은 학부모를 초대해 음식을 제공하고 매장의 서비스를 경험하게 해준다. 그러면 빠르게 소문이 난다. 자발적으로 내 가게의 영업사원이 되어주는 거다.

이벤트가 번거롭고 손이 많이 간다고 생각할 수도 있겠지만 이런 오픈 이벤트는 오직 오픈할 때만 할 수 있다. 우리는 새 매장을 오픈할 때마다 그 기회를 효과적으로 활용했다. 또 매장을 오픈하면 꼭 탈 인형과 행사 피켓을 들고나가서 한 명 한 명과 눈 마주치며 할인 쿠폰을 전달한다. 때로는 입구 앞에서 무료 커피 행사를 진행하기도 하고 포장된 쿠키나 휘낭시에 미니 식빵을 나눠주며 홍보에 열을 올린다. 전단지도 돌리는데 가능한 업체를 대행하지 않고 직접 한다. 만약 대행을 쓴다면, 자전거나 오토바이 수단을 이용해서 제대로 나눠주고 있는지 반드시 확인해야 한다. 오픈 이벤트가 끝나고도 2주 동안은 하루에 두 번, 빵이 나오는 오전 11시와 오후 3시에 우리의 시그니처 메뉴인 쫄깃식빵 무료 증정 행사를 하며 오픈 시기의 흥행을 이어가기 위해 노력했다.

라라브레드는 팬을 관리한다

우리가 아무리 맛있고 훌륭한 메뉴를 개발하고 좋은 서비스를 제공하고 있어도 손님들이 그 사실을 모르면 아무 소용없다. 그래서 라라브레드는 항상 새로운 제품이 나올 때 그 제품의 출시 소식을 널리 알리는 것에 집중했다. 대표적인 방법이 바로 파워블로거나 인플루언서와 협업하는 것이다. 압도적인 수의 팬을 거느린 블로거와 인플루언서들이 라라브레드의 팬이 된다면, 우리는 그들의 팬까지 끌어안을 수 있다. 자신이 선망하고 신뢰하는 대상이 무언가를 추천한다면 아무래도 한 번 더 관심을 가질 수밖에 없기 때문이다. 특히 블로그는 긴 글과 함께 이미지, 영상 등을 모두 담을 수 있는 플랫폼인지라 정보성이 강하므로 파워블로거의 후기나 평가는 우리에게 무척 소중한 자산이 된다.

블로그 체험단을 섭외할 때는 해당 블로거에게 직접 쪽지 또는 이메일을 보내거나, 마케터·블로거·인플루언서들이 모여 있는 단톡방에 체험단 모집 안내 문구를 올린다. 여기서 관심을 보이고 초대에 응한 블로거에게는 포스팅 가이드라인을 제공한다.

예를 들어 '빵', '서울빵', '식빵맛집' 등의 필수 키워드를 지정하고 키워드는 제목에 1회, 본문에 4회 이상 언급되도록 요청한다. 또 포스팅 본문에는 15초 이상 재생되는 동영상 1건과 사진 20장 이상 업로드, 맛있게 먹을 수 있는 꿀팁 공유, 라라브레드의 위치 또는 지도 삽입 등이 이루어질 수 있도록 구체적인 가이드를 제공한다. 이렇게 가이드를 주는 것이 자칫 인위적으로 느껴질 수도 있지만, 우리가 알리고자 하는 제품의 핵심 요소와 홍보 포인트를 잡아주지 않으면 포스팅은 전혀 예상치 못한 전개로 흘러갈 수 있다. 키워드나 가이드를 제대로 주면 일관된 메시지를 반복적으로 노출하면서 생기는 각인효과도 누릴 수 있고 검색 키워드를 통해 유입되는 고객을 확보하기에도 용이하다.

블로그 시식 협찬 포스팅은 반드시 제품과 함께 원고료도 지불해야 한다. 간혹 협찬만으로 진행하는 블로거도 있지만 마케팅 경쟁이 치열해지고 기대치도 올라가다보니 점차 제품 협찬과 원고료를 함께 제공하는 추세로 가고 있다.

MZ세대 고객을 주목해야 하는 이유

라라브레드가 어떤 상권에 매장을 오픈하든 우리는 주요 타깃 고객을 MZ세대로 설정한다. MZ세대는 M세대(밀레니얼 세대)와 Z세대를 통칭하는 것으로 1980년 이후에 태어난 세대를 밀레니얼 세대, 1997년 이후에 태어난 세대를 Z세대라고 일컫는다. 2022년 기준 20대 초반부터 40대 초반을 아우르기 때문에 굉장히 광범위한 세대 분류인 동시에 소비시장에서는 가장 강력한 파워를 가진 잠재고객에 해당한다.

소위 밀레니얼 세대라고 부르는 M세대는 1980년 이후에 태어나 유소년기부터 정보통신 기술 발전의 과도기와 발전기를 두루 경험한 세대이며 Z세대는 이미 발전기에 접어든 정보통신 기술을 자연스럽게 몸에 익히며 자라온 세대다. 이들은 정보통신 기술을 활용하고 생활화하는 데 거리낌이 없으며 새로운 것을 받아들이고 도전하고 실험하길 망설이지 않는다. 게다가 경제력을 갖추기 시작하는 단계이거나 이미 안정적인 경제력을 가진 상태이고 자기만의 취향과 개성이 뚜렷하며 이를 표현하는 것 역시 자연스러운 세대다. MZ세대는 현재 전체 인구의 45.9퍼센트, 거의 절반에 해당한다. 이들의 소비력과 정치, 경제, 문화 등 각 분야에서의 막강한 영향력을 생각하면 이제 MZ세대를 사로잡는 전략은 선택이 아닌 필수라고 할 수 있다.

우리가 사업을 시작하고자 할 때 가장 먼저 생각해야 할 것은 바로 고객이다. 우리의 고객은 누구인가, 우리 브랜드를 사랑하고 우리 브랜드에 열광할 사람들의 취향은 무엇인가, 그들의 욕구는 무엇인가. 나는 고객을 생각할 때 반려동물을 떠올린다. 반려동물과 인간은 서로 관심과 사랑을 주고받으며 함께 성장하고 살아가는 대상이다. 반려동물은 내가 사랑을 주는 만큼 그 사랑을 돌려주고, 심지어 그 사랑을 목숨과 맞바꾸기도 한다. 양방향으로 오고가는 감정. 그것은 비단 반려동물에게만 해당되는 것이 아니다. 나는 이 관계 속의 반려동물을 고객으로 치환해보곤 한다. 내가 진심으로 아끼고 챙겨주고 사랑해주면 그 사랑을 다시 돌려주는 고객. 그들은 우리 브랜드의 팬이 되어 우리와 함께 성장한다. 이제 고객은 단순히 우리의 상품을 구입하는 손님을 넘어서 때론 가족보다, 직원보다 더 큰 역할을 하는 존재가 되었다. 그래서 우리는 더더욱 그들을 알아야 한다.

경험을 사고 진실을 공유한다

MZ세대는 그 스펙트럼이 넓은 만큼 한마디로 규정하기 어렵다. 그럼에도 우리가 이들을 현재의 그리고 미래의 가장 강력한 고객으로 설정해야 하는 것은 이들이 외식업 트렌드를 선도하는 라이프스타일을 가졌기 때문이다. 이들에게 디지털은 생활 그 자체다. 인터넷을 통한 정보 공유와 확대를 거쳐 모바일에 이르기까지, 텍스트부터 영상 콘텐츠까지 두루 섭렵하고 일상화하는 이들 세대는 정보의 확장에서 가장 중추적인 역할을 하고 있다.

소셜미디어를 통해 자신의 경험을 전시 또는 공유하면서 개성을 드러내는 만큼 이들에게 신뢰는 무엇보다 중요한 판단 기준이 된다. 믿을 만한 제품에 관한 사용자 경험을 공유하고, 그렇게 공유된 정보를 믿을 만하다고 판단할 만한 근거를 찾고, 이를 통해 직접 행동하고 구매하고 다시 그 경험을 공유하는 것이 MZ세대의 특성이다. 따라서 상품이나 서비스 본연의 가치보다 높게 책정된 가격의 거품, 거짓된 정보 역시 철저하게 구분하려고 하기에 이들에게 외면 받은 제품은 결국 고립되고 만다. 이들 사이의 입소문, 그러니까 바이럴된 정보들은 단순한 참고자료 이상의 핵심 구매 요인이 되기 때문에 사업을 하고자 한다면 MZ세대의 소비 패턴과 경향을 보다 철저히 파악할 필요가 있다.

미래를 고민하고 지금 행동한다

MZ세대 소비 경향의 가장 큰 특징은 환경을 중시한다는 점이다. 단순히 제품이나 서비스가 만족스러운가 아닌가에 그치는 게 아니라 그 제품이나 서비스가 환경에 미치는 영향까지 생각하는 것이다. 코로나 시국을 맞이하면서 음식 배달 문화가 폭발적으로 성장했지만 그 가운데에서도 MZ세대는 배달 문화가 불러오는 플라스틱 소비와 쓰레기 양산에 관한 문제의식을 놓치지 않는다.

고도성장 시대를 통과해온 기성세대는 환경문제나 기후위기 문제를 당장의 위기로 체감하지 못한다. 경제성장의 솟구치는 그래프만을 바라보며 살아왔고 이제 곧 노년을 맞이하는 이들에게 기후 문제는 내가 세상을 떠난 뒤에나 벌어질 먼 미래의 일인 것이다. 그러나 MZ세대에게 환경오염과 기후위기는 당장 내 삶을 위협하고 미래를 저당 잡힐 심각한 사회문제로 다가온다. 그렇기 때문에 쓰레기가 폭발적으로 증가하는 현 세태에 적극적으로 문제 제기를 하고 기업에도 개선을 요구한다.

소비시장에서 강력한 파워를 지닌 세대가 이렇게 목소리를 내자 기업도 이러한 사인을 무시할 수 없는 상황이 됐다. 그래서 기업은 배달이나 택배 서비스를 제공할 때 쓰레기를 줄이기 위해 포장용지나 방법을 개선하기도 하고 분리배출이 용이하도록 소재를 변경하는 등 소비자의 요구에 부응하는 대안을 제시하고 있다.

이러한 개선책은 대기업에만 요구되지 않는다. 코로나 시국의 배달 매출이 급증한 자영업 소상공인들도 포장용기 개선을 고민하고 실천하고 있다. MZ세대의 이러한 행동력은 외식산업의 구조를 바꾸는 조용하고 강력한 힘으로 작용하는 중이다.

타인의 고통에 공감하고 실천한다

MZ세대의 소비에 중요한 또 하나의 정신은 바로 '윤리적 감수성'이다. 이들의 윤리적 감수성은 타인의 고통을 감지하고 문제의 원인을 밝혀내 이로부터 벌어질 위험을 상상하며 그 사태가 자신과 무관하지 않음을 성찰할 수 있는 능력까지 포괄한다. 이는 생산자에게 정당한 대가를 지불하는 공정무역 제품이나 동물실험을 하지 않고 만든 '크루얼티프리(Cruelty-Free)' 제품을 소비하는 것, 동물권을 지지하고 채식을 실천하는 비건 지향 라이프스타일을 추구하는 것 등 다양한 양상으로 드러난다.

단순히 제품이나 서비스가 좋은가, 만족스러운가에 그치지 않는다는 건 MZ세대의 핵심적인 소비성향이다. 이들은 윤리적 감수성을 지향하며 정직한 정보를 엄격하게 가늠한다. 디지털 시대의 MZ세대는 개개인이 모두 1인 미디어이자 정보 생산자이기 때문에 왜곡된 정보나 거짓, 과장 광고 등을 거침없이 비판하는 콘텐츠를 생산한다. 따라서 이런 콘텐츠 또는 리뷰 한마디에 하나의 제품이 완전히 흥하기도 망하기도 하는 것이다.

여기서 예비 창업가들이 주의해야 할 것이 바로 고객 컴플레인 대응이다. 이토록 기민한 고객의 특성을 제대로 알지 못하고 고객 불만사항에 관해 진실을 숨기고 거짓을 말하거나, 제대로 된 사과나 대처를 하지 않아 역풍을 맞는 불상사가 종종 벌어진다. 반대로 MZ세대는 진정성을 보여주는 업체를 적극적으로 알리고 행동함으로써 한순간에 사업을 일으키고 흥하게도 만든다.

예비 창업가라면 반드시 MZ세대를 주요 고객으로 설정해 연구하고 발맞춰나가야 한다. 재화나 서비스를 제공하고 수익을 얻는다는 단순한 생각으로는 이제는 이 치열한 자영업 세계에서 살아남을 수 없다. 라라브레드가 심혈을 기울여 온라인 마케팅과 브랜딩에 집중했던 것도 바로 이러한 MZ세대의 파워를 무엇보다 중요하게 생각했기 때문이다. 이제 고객은 단편적이지 않다. 스스로 움직이고 생각하고 실천하며 행동하는 오늘날의 고객은 그 어느 때보다 입체적이다.

나의 고객은 누구인가. 나의 고객은 무엇을 지향하는가. 나의 고객은 내 브랜드에서 어떤 역할을 하는가. 나의 고객이 내 브랜드의 팬이 되려면 나는 무엇을 해야 하는가. 질문은 언제나 고객에서부터 시작해야 한다.

온라인에서 홍보 잘하는 방법

● 온라인 홍보, 직접 한다면 이것만은 지켜라

온라인 마케팅을 실행하는 가장 쉽고 편한 길은 대행업체에 맡기는 것이지만, 이제 막 창업을 한 소상공인에게는 그 비용마저 부담이 될 수 있다. 사실 온라인 홍보는 시간과 노력을 조금만 투자한다면 누구나 할 수 있다. 사업 초기에는 최대한 지출을 줄이면서 직접 할 수 있는 일은 직접 해보는 것이 좋다. 비용도 절약하고 이 과정에서 사람의 마음을 움직이는 것이 어떤 요소인지 배우게 되고 시장을 보는 눈도 키울 수 있으니 꼭 한번 실행해보길 바란다. 우선 가장 기본이 되는 블로그(텍스트), 인스타그램(이미지)을 중심으로 꼭 지켜야 할 기본 원칙을 이야기해보자.

1. 블로그

SNS의 강세로 조금 뒤로 물러난 것처럼 보이지만 블로그는 여전히 검색 사용자들에게 노출이 용이한 효과적인 플랫폼이다. 블로그는 하나의 주제를 정하고 비교적 긴 글을 작성할 수 있다는 이점이 있다.

그래서 전문성을 바탕으로 고정 독자를 확보해 콘텐츠 신뢰도를 높일 수 있다. 이 플랫폼은 주로 네이버, 다음 등 대형 포털사이트들이 제공하기 때문에 메인 콘텐츠로 선정되면 주목을 받을 수도 있고 검색 등 다양한 서비스와 연계가 가능하다.

이름 정하기: 검색 결과로 블로그가 보일 때 가장 상단에 위치하는 게 블로그의 이름이다. 따라서 이 블로그의 정체성을 가장 잘 보여줄 수 있는 이름을 정하는 게 좋다. 블로그 주인장의 이름(닉네임)은 온라인상에서 불리기 쉽고 개성 있는 것으로 정하라.

좋은 예) 닉네임: 미니멀주부, 블로그 이름: 반짝반짝 빛나는 살림요정
나쁜 예) 닉네임: RdErgHsj31, 블로그 이름: RdErgHsj31의 일상 블로그

주제 정하기: 블로그는 꾸준히 지속적으로 게시물을 올리는 게 중요하다. 그러기 위해서는 자신이 가장 잘 알고, 경험이 많은 주제를 선정하는 게 좋다. 시류에 편승해 요즘 유행하는 것이나 일시적인 인기를 얻기 위한 주제는 지속성을 담보하지 못한다. 중심 주제는 본인이 가장 잘 쓸 수 있는 것으로 정하고, 중심 주제와 연결해도 큰 무리가 없을 정도의 주제들을 가끔 곁들여보자.

예) 음식 + a (여행, 육아, 살림, 일상 등)

제목: 포스팅 제목은 너무 길지 않게 25자 이내로 작성하는 게 좋다. 그 이상 넘어가면 검색 결과에서 뒷부분이 말줄임표로 생략되기 때문에 제목이 온전히 다 보이지 않는다. 또한 제목 안에 핵심 키워드가 포함되도록 작성해야 검색 결과 노출에 유리하다.

본문: 블로그의 가장 큰 이점은 작성자가 원하는 만큼 충분한 내용을 쓸 수 있다는 점이다. 사용자가 클릭했을 때 풍성한 정보를 얻어갈 수 있다는 인상을 남기는 게 중요하다. 이미지와 텍스트를 적절하게 구성해 방문 지속 시간을 확보해야 블로그 지수를 높일 수 있다.

키워드: 해당 포스팅의 제목과 본문에는 반드시 핵심 키워드가 노출되어야 한다. 포스팅을 작성하기 전에 핵심 키워드를 정하고 해당 키워드들이 자연스럽게 포함될 수 있도록 작성하는 게 좋다. 요즘은 모바일 접속자가 크게 늘었기 때문에 작은 스마트폰 화면으로 보이는 걸 감안해서 문장은 너무 길어지지 않도록 한다.

예) 핵심 키워드: 남양주, 카페, 크로플, 브런치

    제목: '브런치가 맛있는 남양주 ○○카페' 또는

        '서울 근교 크로플 맛집 ○○카페'

    본문: 오늘은 브런치 카페로 유명한 남양주 ○○카페에 왔어요. 서울에서 1시간 거리라서 가족들과 주말을 이용해 다녀왔는데요, 여기서 가장 유명

하다는 크로플을 시켜봤습니다. 가격도 부담스럽지 않고 브런치로 먹기에 딱 적당한 구성! 역시 소문대로 너무 바삭하고 달콤하고 맛있네요. 아이들도 어른들도 모두가 좋아할 맛이에요.

방문자 늘리기: 블로그 방문자를 늘리기 위해 가장 중요한 것은 '양질의 콘텐츠'가 지속적으로 발행되는 것이다. 좋은 정보가 꾸준하게 생산되는 블로그라는 인식이 생기면 주기적으로 방문하는 구독자가 늘고, 페이지뷰도 함께 늘어난다. 그렇게 되면 해당 포털사이트의 알고리즘이 신뢰도와 인기도를 높게 평가하게 되어 검색 결과 상위에 노출될 확률도 올라간다. 블로그 콘텐츠를 평가하는 요소와 기준은 조금씩 수정되고 변화하고 있지만 기본적으로 콘텐츠의 질, 사용자 유입 수치와 콘텐츠 소비 패턴 등은 여전히 중요한 평가지표다.

블랙키위 활용법: 블랙키위(https://blackkiwi.net)는 키워드 월간 검색량, 콘텐츠 발행량 등을 조회할 수 있는 사이트다. 이 사이트를 이용하면 검색 키워드가 좀 더 상위에 노출될 수 있도록 조정하는 데 도움을 받을 수 있다. 예를 들어 기존에 '서울브런치카페'라는 키워드를 중심으로 콘텐츠를 작성해왔는데 블랙키위 분석 결과 콘텐츠 발행량이 포화 상태라면 이 키워드는 상위에 노출되기 어려워졌다는 의미다. 이를 '연남동브런치카페'로 바꿔보면 검색량에 비해 콘텐츠 발행량이 훨씬 적다는 결과가 나온다. 이때는 키워드를 '연남동브런치카

페'로 수정하는 것이 좋다.

2. 인스타그램

SNS는 그 종류가 너무 많고 각각의 플랫폼마다 특징이 다르기 때문에 이 책에서는 최근 가장 각광받고 있는 인스타그램을 중심으로 살펴보고자 한다. 인스타그램은 이미지 중심으로 소비되는 미디어다. 트위터의 리트윗이나 페이스북의 공유 기능과 같은 재노출 기능이 없는 대신, 해시태그를 통해 원하는 키워드를 쉽게 검색할 수 있다는 장점이 있다. 사진이나 동영상 같은 비주얼 중심의 SNS이기 때문에 외식업 사업자들이 활용하기에 가장 유용한 플랫폼이다.

계정 만들기: 블로그처럼 인스타그램 역시 중심 주제, 그러니까 콘셉트를 설정하는 게 중요하다. 우선 이 계정을 개인 계정으로 만들지, 브랜드 계정으로 만들지를 결정해야 한다. 개인의 캐릭터를 강화해 영향력 있는 계정이 됨으로써 브랜드 홍보를 겸할 것인지, 처음부터 브랜드 계정으로 론칭해 일관성 있는 소통 창구로 사용할 것인지 미리 정해두는 게 좋다. 내가 어떤 사람인지 보여주면서 나와 브랜드를 일치시키는 게 유리하다면 개인 계정으로, 브랜딩을 강화해 고객을 확보하고자 한다면 브랜드 계정으로 만들면 된다.

업로드하기: 게시물은 너무 자주 올려도 팔로워들에게 피로감을 주

고 너무 뜸하면 지속성을 잃는다. 게시물 업로드 주기를 일정하게 정해두고 꾸준하게 올리는 것이 중요하다. 가령 일주일에 3~4회, 매장 오픈 한 시간 전에 업로드를 하겠다는 식으로 자신만의 가이드라인을 정해두면 된다. 이때 업로드 시간은 팔로워들의 성향과 활동 시간과 패턴을 고려해서 정해야 한다. 저녁 시간에 오픈하는 위스키바 계정이라면 아침 8시에 게시물을 올리는 것보다는 오후 시간에 게시하는 것이 잠재적 고객들에게 더 가닿을 확률이 높다.

스토리 활용하기: 인스타그램 피드에는 공식적인 공유 기능이 없지만 스토리 기능에서는 타인의 스토리를 공유하는 게 가능하다. 스토리는 사진과 동영상 등을 간단히 꾸며 올릴 수 있는 부가 기능인데 24시간이 지나면 게시물이 삭제되기 때문에 게시물이 누적되진 않지만 SNS의 현장성을 살릴 수 있는 기능이다. 실시간으로 팔로워들의 동향을 알 수 있고 자신의 개성을 보다 잘 드러낼 수도 있다. 이 기능을 통해 매장의 실시간 현황을 보여줄 수도 있고 사용자들의 실시간 후기를 공유할 수 있으니 적극 활용해보는 것이 좋다.

인플루언서 협찬 및 이벤트: 다양한 이벤트를 통해 팔로워를 늘리고 적극적으로 브랜드를 노출하는 것도 권장한다. 영향력이 강한 인플루언서들을 상대로 서비스를 제공하고 후기 이벤트를 해서 짧은 시간 동안 많은 팔로워에게 브랜드를 알리거나, 일반 사용자들의 우수 후기를 추첨해 방문 기회를 제공하는 것도 좋다. 인스타그램 운영을 잘하고 있는 타 브랜드의 계정을 참고해서 다양한 아이디어를 응용하다 보면 자신만의 색깔을 찾아가는 데 도움이 될 것이다.

● SNS 계정에서 절대 하면 안 되는 것

1. 공식 계정에서 손님을 함부로 언급하지 말 것

브랜드의 공식 계정에서 손님을 언급하는 것은 극도로 신중해야 한다. 손님의 얼굴이 보이는 CCTV 화면을 캡쳐해 올리거나 손님을 부정적으로 언급하는 게시물을 올려 크게 비난받는 일이 종종 있다. 아무리 수습을 잘해도 한 번 안 좋은 인식이 생기면 돌이키기 어렵다. 소상공인에게 오너리스크는 치명적이다. 좋은 사안이든 나쁜 사안이든 방문하는 손님을 공개적으로 언급하는 건 되도록 자제하고, 장사의 어려움이나 푸념 같은 개인적인 하소연은 공식 계정에서 하지 않도록 한다. 개선하고 싶은 사항이나 고객에게 부탁하고 싶은 말이 있다면 공식적인 공지 성격으로 형식을 갖춰 작성하는 것이 좋다.

2. 댓글을 그냥 내버려두지 말 것

SNS의 핵심은 '소통'이다. 매장 새 소식을 공지 형태로 올리기만 하는 일방적인 계정과 고객의 말에 귀 기울이고 소통하고자 하는 계정.

여러분이라면 어떤 계정에 호감을 느끼겠는가. 당연히 후자일 것이다. 인스타그램이든 블로그든 어떤 게시물에 댓글이 달렸을 때는 반드시 답글을 쓰자. 봄 한정 딸기파인애플 스무디가 출시되었다는 게시물에 "너무 맛있어 보여요~"라는 댓글이 달렸다면 "실제로도 정말 맛있습니다! 봄 한정이니 서둘러 오세요!"라는 식의 답글을 달아주는 것이다. 아무리 사소한 댓글이라도 사장님이 부지런히 반응을 보인다면 사람들은 더 열심히 소통하고 찾아올 것이다. 계정의 팔로워가 크게 늘고 댓글이 수천 개씩 달린다면 일일이 답글을 달기 어려울 수 있겠지만, 답글을 일일이 달아주기 힘들 만큼 팬이 많을 정도로 크게 성장하고 싶다면 작은 댓글도 소중하게 소통하는 성의를 보이는 자세가 필요하다.

3. 복사 + 붙여넣기 하지 말 것

SNS 계정을 운영할 때는 아무리 바쁘고 시간이 없어도 기계적인 복사 + 붙여넣기는 지양해야 한다. 인기 있는 계정마다 찾아가 "사진이 너무 좋네요. 소통해요~" 같은 메시지를 복사해서 온갖 곳에 붙여넣기 하지 말자. 브랜드 공식 계정이 졸지에 스팸 취급을 받게 될 수 있다. 답글 역시 같은 말을 복사해서 붙여넣을 거라면 아예 답글을 안 다는 게 낫다. 누군가 우리 계정을 팔로우했다고 해서 기계적으로 맞팔로우했다가는 이상한 불법 계정과 친구가 되어 있을 수 있다. 팔로워 계정에 한 번이라도 들어가서 확인하는 노력을 기울이자.

4. '좋아요'를 받기만 하지 말 것

소통의 기본은 '오고가는 것'이다. 내 브랜드의 공식 계정에 사람들이 찾아오기를 기다리기만 해서는 계정을 성장시키기 어렵다. 따라서 주 고객층이 될 만한 사용자들을 세심하게 관찰하고 게시물에 하트를 눌러주고 댓글도 달면서 소통을 해보자. 누군가 나를 팔로우해주면 그제야 맞팔로우를 하는 것에 그치지 말고, 나 역시 팔로우할 사람들을 탐색하고 말을 거는 노력이 필요하다. 최근 SNS 플랫폼들은 게시물을 업로드 순서대로 보여주지 않는다. 사용자의 소통 빈도, 반응, 취향 등 해당 계정의 활동을 분석해 그에 맞는 게시물을 순차적으로 보여준다. 따라서 팔로워들과 소통하지 않으면 아무리 열심히 게시물을 올려도 정작 나의 팔로워들에게는 보이지 않을 수 있으니 주의하자.

5. 온갖 잡스러운 해시태그를 남발하지 말 것

해시태그는 검색을 위해서 적극적으로 활용해야 하지만 양으로 승부할 생각은 접어두자. 무조건 해시태그를 많이 붙인다고 검색에 유리한 게 아니다. 종종 게시물과 아무 상관이 없는데도 검색량이 많은 단어나 한참 유행하는 문구를 총동원해 해시태그를 다는 경우가 있는데 타깃 고객의 정확도를 떨어뜨리고 사용자에게 피로감만 줄 뿐이다.

3부

사장이 되려는 분들에게

7

사장의 자격

외식업은 교육업이다

회사가 갑작스럽게 성장하고 직원이 늘면 모든 경영자들이 공통적으로 겪는 고난이 있다. 바로 인력관리의 어려움 때문에 조직 운영에 차질이 생겨 한창 성장할 수 있는 타이밍을 놓치는 상황이다. 사업에서 가장 어려운 것은 첫째도 사람, 둘째도 사람, 셋째도 사람일 것이다. 이런 것을 잘하는 사람과 저런 것을 잘하는 사람을 적재적소에 배치하고 그들의 능력을 최대치로 뽑아내어 최대한의 이윤을 발생시키는 것이 사업이라면, 사람이야말로 핵심 자원이다.

특히 매장에서 손님을 직접 응대하는 포지션의 경우, 많은 자영업자가 인력관리에 어려움을 겪는다. 아무리 신중하고 꼼꼼하게 아르바이트 직원이나 정직원을 선발해도 내 마음처럼 움직여주지 않는 직원들 때문에 속앓이를 하는 것이다. 이 직원은 왜 이렇게 일을 못할까? 왜 이런 것도 모를까? 사장님들의 하소연이 귓가에 들리는 것 같다.

"화장실이 어디예요?"

"(턱으로 가리키며) 저쪽이요."

"근데 화장실 문이 안 열리는데요?"

"좀 기다리세요. 안에 누가 있나 보죠."

알바생이 손님 응대를 이런 식으로 하고 있는 걸 보면 울화통이 터진다. 사장은 당장 가서 알바생을 혼내고 알바생은 알바생대로 화가 난다. 화장실을 물어봐서 가르쳐줬는데 뭐가 문젠가.

이 경우 직원들이 숙지하고 지켜야 할 매뉴얼이 없었을 것이다. 손님이 화장실이 어딘지 물었을 때 화장실을 어떻게 이용해야 하는지 알려주고 문제가 생겼을 때 어떻게 응대해야 하는지 그 방법이 담긴 기본 매뉴얼이 없으니, 어린 알바생은 집에서 하던 행동을 하는 것이다. 사회적 자아를 바탕으로 공적으로 소통하는 법을 배운 적이 없기 때문이다. 직원이 일을 못 할 때는 먼저 사장 자신을 돌아봐야 한다. 내가 직원을 충분히 교육했는가, 직원이 언제 어떤 상황에서든 제대로 대처할 수 있도록 가이드를 제공했는가, 스스로 자문해보아야 한다.

매뉴얼이 없으면, 혹은 직원 교육을 제대로 하지 않았다면 직원이 응대를 잘못하는 건 당연하다. 모르니까 못하는 것이다. 그런데도 많은 사장님들은 직원이 '알아서' 잘해주기를 기대한다. 100개의 매장에는 100개의 다른 매뉴얼과 교육이 존재해야 한다. 손님

응대부터 매장관리, 관리 원칙 등을 직원 모두가 알 수 있도록 매뉴얼을 갖춰야 한다. 처음부터 완벽한 매뉴얼을 만들 수는 없고 6개월 정도에 걸쳐 각 사업체에 맞는 맞춤형 매뉴얼을 만들어야 한다. 외식업이라고 다 같은 외식업이 아니며 매장마다 특성이 다르고, 사장이 직원에게 기대하는 업무 수행 능력의 수준도 다 다르기 때문에 '모든 사업장에서 통용되는 보편적인 기준'은 없다. 가르쳐주지도 않았으면서 모른다고 질책하지 말자.

외식업계는 인재 밀도가 낮은 편이다. 외식업 사업장의 영업 지속기간이 짧기도 하고 소규모 영세 사업자가 많기 때문에 좋은 인재를 확보하기 어려운 측면이 있다. 직원들은 안정적이고 성공 경험이 많은 큰 회사에 들어가고 싶어 한다. 외식업은 그 특성상 오랫동안 탄탄한 경력을 쌓기 어렵기 때문에, 실력 있는 인재를 모셔오기 힘든 것은 어쩔 수가 없다.

그렇다면 결국 A급 인재가 아닌 그다음 등급 정도의 인력으로 어떻게든 사업체를 잘 꾸려나가려면 교육이 병행되어야 한다. 기본적인 손님 응대나 서빙도 할 줄 모른다고 좌절하지 말자. 애초에 기준을 다르게 잡아야 한다. 모든 것을 갖춘 인재가 우리 회사에 와준다면 감사할 일이지만 그런 인재를 확보하기 어려운 업계라는 걸 인정하고 받아들여야 한다.

라라브레드도 짧은 시간 동안 폭발적인 성장을 하면서 많은 부침을 겪었다. 직원이 100명이 넘어가면서 인재를 채용하고 관리하는 일에 어려움이 많았다. 산이 높으면 골도 깊어지는 법이니까. 선원 100명을 태우고 가는 배의 선장이 된 기분이었다. 100명의 선원과 함께 보물을 찾으러 항해를 떠났는데, 풍랑을 만나 배가 뒤집히려고 하는데, 선원들이 아무도 제 역할을 하지 않는 상황을 상상해보라. 선장 혼자서 아무리 안간힘을 써도 바다 한가운데에서 맞닥뜨린 풍랑을 이겨내기는 힘든 법이다. 그럴 때 중요한 것은 결국 기본적인 교육이다. 어떻게든 가르치고 소통하면서 이끌고 가야 한다. 외식업은 거의 교육업에 가깝다. 20년간 사업을 하다 보니, 사업의 성공은 사람으로 시작해 사람으로 끝난다는 걸 더 여실히 깨닫게 됐다. 끊임없이 새로운 인력을 이 조직에 맞는 인재로 성장시켜서 함께 끌고 가야 한다. 실제로 그 과정은 몹시 힘들고 괴로울 것이다. 하지만 비온 뒤에는 땅이 굳게 마련이다.

라라브레드 고객 응대 매뉴얼 맛보기

● 주문 카운터 응대

기본 인사

(고객과 눈을 맞추며 밝은 목소리로 인사를 건넨다.)

"안녕하세요~ 라라입니다."

고객과 친분이 있거나 단골 고객일 경우 좀 더 자연스러운 인사를 건네도 무방하다.

"안녕하세요~ 오늘 날씨 정말 좋죠?"

(주문한 음식이나, 빵 포장을 건내며) "오늘은 어디 여행 가시나 봐요?"

(오랜만에 방문한 고객일 경우) "어~ (헤어, 옷) 스타일이 바뀌신 것 같아요." "정말 오랜만이에요~ 어디 다녀오셨어요?" 등의 스몰토크를 건넨다.

주문받기

"주문 도와드리겠습니다." "드시고 가시나요?" "포장해드릴까요?"

계산하기

"○○○○원 결제 도와드리겠습니다."

1) 현금결제 시

"현금 영수증 해드릴까요? 패드에 핸드폰 번호나 사업자 번호 부탁드립니다." (거스름돈과 영수증을 함께 전달한다.)

2) 카드결제 시

"여기 카드하고 영수증 드립니다." (카드와 영수증을 같이 전달한다.)

제품 전달 및 인사하기

"포장은 오른편(왼편)에서 준비해드리겠습니다."

"진동이 울리면 픽업대로 오시면 됩니다."

주문량이 많아 대기시간이 길 경우

"고객님 오른편(왼편)에서 잠시만 기다려주시면 빠르게 준비해드리겠습니다."

"고객님, 주문이 밀려 있어서 ○○분이 걸리는데 최대한 빠르게 준비해서 알려드리겠습니다."

고객의 실수로 진행이 늦어졌을 때
"고객님 천천히 해주셔도 괜찮습니다."
(뒤쪽 고객에게도 양해 안내를 드린다.) "고객님 죄송합니다. 앞에 분 먼저
주문 도와드린 후 바로 안내 도와드려도 될까요?"

단체 고객이 방문할 때
고객이 먼저 묻지 않아도 단체로 앉을 수 있는 공간을 확보하거나 좌
석 부족 현황, 대기시간 등의 정보를 미리 안내한다.

● 홀 응대

리턴 테이블로 향하는 고객이 있을 때
"감사합니다. 고객님 제가 도와드릴게요."
"고객님 저에게 주시겠어요?"

계단, 복도, 엘리베이터에서 고객과 마주쳤을 때
"안녕하세요." "또 오셨네요. 감사합니다."

고객의 실수가 발생했을 때

"괜찮으신가요. 제가 도와드리겠습니다."

"다시 준비해드리겠습니다."

고객에게 무언가 어려움이 있을 때

(포지션 구분 없이) "고객님 저희가 도와드려도 될까요?"

"고객님 제가 도와드리겠습니다."

● 상황별 클레임 대응

Q. 가격이 왜 이렇게 비싸요?

A. 가격의 만족감을 드리지 못해 죄송합니다. 좋은 재료로 좋은 맛을 제공하도록 더 노력하겠습니다. (비싼 재료, 좋은 재료의 설명보다는 가격 불만에 관한 부분을 먼저 응대해드린다.)

Q. 음식 또는 음료에서 이물질이 나왔어요!

A. 고객님 불편을 드려서 죄송합니다. 잠시만 기다려주시면 내용 확인 후 바로 안내해드리겠습니다. (확인 결과 이물질이 아니더라도 내용 설명 후 다시 음식 및 음료를 제조해 서비스로 드린다.)

Q. 음료 / 브런치를 주문한 지 40분이 지났는데 왜 이렇게 오래 걸리나요?

A. 고객님 죄송합니다. 현재 주문량이 증가하여 제조시간이 딜레이되고 있습니다. 저희가 최대한 빠르게 준비해드리겠습니다. (포스 및 브런치 포지션에서 꼭 딜레이 상황을 미리 확인 공지한다.)

Q. 커피 10잔 주문하는데 배달해주나요?

A. 고객님 죄송합니다. 현장에서는 배달 서비스가 진행되고 있지 않지만, 배달의민족 앱을 통해서 주문 및 배달 요청이 가능합니다.

Q. 커피 맛이 이상해요 / 너무 연해요 / 너무 진해요 / 너무 달아요

A. 고객님 죄송합니다. 바로 조절해 드리겠습니다. (진하면 물을 희석해 드린다.)

A. 고객님 죄송합니다. 저희 라라브레드 커피의 농도보다 더 진한 커피를 원하시는 거면 샷 추가를 제안해드려도 될까요? (정중히 안내한다.)

Q. 저기요, 저는 따뜻한 게 아니라 아이스 시켰는데요? (주문 내용과 다른 음료가 준비되었을 때)

A. 고객님 죄송합니다. 저희가 지금 바로 제조해서 자리로 가져다드리겠습니다.

Q. 제가 화장실 간 사이에 누가 제 지갑 혹은 물건을 훔쳐갔어요.

A. 저희 매장 이용 중 불편을 드려 죄송합니다. 저희가 지금 바로 근처 CCTV 먼저 확인해드리겠습니다. (내용 확인이 어려울 경우 먼저 분실한 내용물의 정보를 확인 후 경찰에 신고 요청을 도와드린다.)

Q. 리스트레또, 피콜로라떼 한 잔씩 주세요. (내가 모르는 음료, 매장에 없는 음료 주문 시)

A. 고객님 죄송합니다. 저희 메뉴에는 없지만 메인 바리스타님께 제조 가능한지 확인해드리겠습니다. (에스프레소 메뉴가 있다면 단골 고객이나 특정 고객에게 제조 가능한 음료는 제조해드린다.)

Q. 포스 앞에서 어떤 음식을 주문할지 한참을 고민하는 고객에게 (선택에 어려움을 느끼는 고객)

A. 고객님 안녕하세요~ 혹시 찾으시는 메뉴가 있으세요?

A. 고객님 안녕하세요. 저희 매장은 처음 방문하셨나요?

A. 저희가 주문을 도와드려도 될까요?

영혼을 잃지 않고 살아남기

'돈을 많이 벌겠다'는 목표에 매달리면 모든 것은 하나의 기준에만 좌우된다. 돈을 많이 벌 수 있는가, 아닌가. 아주 단순하고 명쾌한 기준이다. 하지만 내가 오직 그 목표에만 의존해 달려왔다면 돈은 벌었을지 몰라도 지금과 같은 사업가가 아닌 뒷골목 졸부가 되었을 것이다. 세상에는 돈이 되는 일이 많다. 돈이 되는 일 중에는 인간이 가져야 할 기본적인 윤리와 최소한의 양심을 저버리는 일도 많다. 내가 책을 통해 세상을 만나지 않았다면, 책을 통해 단단한 자아를 만들어나가지 않았다면 숱한 유혹 속에서 나를 잃어버렸을 것이다.

시급 1500원을 받으며 레스토랑이나 호프집에서 서빙을 하던 시절이었다. 일하면서 알게 된 지인이 내게 부업을 해보지 않겠냐고 제안해왔다. 한 푼이 아쉬운 때에 부업의 기회라니 당연히 하겠다고 했다. 시급 7000원이나 8000원에 준하는 수고비를 줄 테니 어떤 물건을 여기서 저기로 옮겨주기만 하면 된다고 했다. 당시 받고 있던 시급을 생각하면 일은 너무 쉽고 수입은 컸다. 나는 뜻밖의 기회에 신이 나서 성실하게 임무를 수행했다. 두둑한 일당이 주머니로 들어왔다. 이게 웬 횡재인가. 요즘 말로 그건 정말 '개꿀'이었다.

그리고 '물건을 옮겨주는 일'을 두 번째 하게 됐을 때였다. 물건이 어딘가 이상했다. 자세히 살펴보니 포장지 한쪽에 구멍이 나 있었고 그 틈으로 하얀 가루가 조금 흘러나왔다. 설마, 이게 지금 내가 생각하는 그것인가. 그 '물건'의 정체는 마약이었다. 뜻하지 않게 내가 마약을 운반했던 것이다. 이건 횡재가 아니다. 절대 아니다. 곧장 물건을 반납하고 다시는 이런 일을 하지 않겠다며 그곳을 빠져나왔다.

당장의 돈을 생각했다면 그냥 눈감아버렸을 수도 있었다. 물건을 옮겨주기만 하면 되는 일이니 별로 나쁜 일이 아니라고 생각할 수도 있었다. 잠깐만 모르는 척하고 빨리 돈을 벌어서 빠져나올 수도 있었다. 하지만 그 순간 떠올린 것은 책에서 배우고 익힌 옳고 그름에 관한 깨달음이었다. 아무리 가난하고 상황이 절박해도 하지 말아야 할 것과 해야 할 것을 구분하는 힘. 학교나 부모에게서 받은 가르침은 없었지만 이름을 내걸고 세상을 향해 목소리를 내던 사람들의 지혜를 통해 어렴풋하게나마 내가 지켜야 할 선을 알았던 것 같다.

카카오톡 서비스를 개발한 김범수 의장은 항상 구조를 강조했다. 초기에 사업을 설계할 때 구조를 탄탄하게 만들면 그 어떤 것도 감당할 수 있다는 것이다. 사람들은 카카오톡이 단순히 메시지를 주고받는 메신저 앱이라고 생각했지만, 무시할 수 없는 숫자의 사용자를 확보한 순간 어디로든 확장할 수 있는 굳건한 비즈니스 모델이 되었다. 하나의 앱을 기반으로 게임, 음악, 쇼핑, 금융, 운수, 캐릭터, 엔터테인먼트, 콘텐츠 등 다양한 서비스를 연결해 시가총액 50조 원의 대기업으로 성장한 것이다. 사업은 삶과 닿아 있고 삶은 사업과 닮아 있다. 탄탄한 구조를 만드는 것의 중요성은 무엇보다 삶에 적용되어야 할 덕목이었다.

　　그때의 나는 내 삶의 구조를 만들어가고 있었다. 내가 무한히 뻗어나가야 할 곳과 막아내야 할 나쁜 유혹들 사이에서 중심을 잡을 수 있는 단단한 뼈대. 나라는 사람의 정체성과 나만의 세계관을 스스로 탄탄하게 만들지 않으면 언제든 방향을 잃을 수 있었다. 반대로 흔들리지 않는 굳건한 가치관이 있다면 어느 방향으로든 갈 수 있다. 술집이나 나이트클럽 같은 곳에서 일하다 보면 일당을 현금으로 받곤 하는데 매일 현금을 손에 쥐면 숱한 유혹에 휘둘리게 된다. 현금을 만지는 많은 사람이 유흥이나 도박에 빠진다. 충동적으로 유흥을 즐기면서 그날그날의 스트레스를 해소하려고 하거나, 단시간에 쉽게 돈을 벌 수 있다는 믿음으로 도박판을 기웃거리는 것이다. 나 역시 삶에서 돈만이 가장 중요한 가치였다면 어떻게든 빠르게 돈을 불려보고자 도박에 빠져들었을지도 모른다. 하지만 그렇게 하지 않은 이유는, 그것이 내가 상상하고 꿈꾸는 삶의 풍경이 아니었기 때문이다.

신경심리학자이자 뇌과학자인 이안 로버트슨은 그의 저서《승자의 뇌》에서 '위너 이펙트(Winner Effect)'에 관해 이야기한다. 작은 승리의 경험이 쌓이면 결국 큰 승리를 낳는다는 개념인데 예를 들면 이런 것이다. 핵주먹이라고 불렸던 전설적인 복싱 선수 마이크 타이슨은 선수 생활 중 범죄에 휘말려 감옥에 수감된다. 3년간의 수감 생활을 마치고 다시 링으로 복귀하고자 했지만 운동선수에게 3년의 공백을 극복하기란 쉽지 않았다. 그러자 그의 프로모터였던 돈 킹은 상대적으로 약한 선수 피터 맥닐리를 타이슨 복귀 무대의 상대로 내보낸다. 타이슨은 온전히 제 실력을 회복하지는 못했지만 기본 실력으로 맥닐리를 쉽게 이겼고 두 번째 상대 역시 평이한 상대라 그리 어렵지 않았다. 세 번째 경기에서는 WBC 세계챔피언을 만났지만 이전의 승리에 도취된 타이슨은 세계챔피언을 쉽게 꺾고 챔피언 자리를 탈환하는 데 성공한다.

5등이 1등을 단박에 이기기는 어렵다. 하지만 5등이 4등을 이기고 3등을 이기고 2등을 이기며 올라가면 1등을 이기는 건 상대적으로 쉬운 일이 된다. 사소한 것이라도 한 번 성공을 경험하면 두 번째, 세 번째 성공으로 가는 길은 더 수월하게 열린다. 택시비가 없어서 모욕을 당하고 단칸방에서 살던 내가 하루아침에 억대의 자산가가 될 수는 없을 것이다. 복권에 당첨되거나 불법적인 일을 하지 않는 한 그런 일은 벌어지지 않는다. 지름길은 없다. 쉬운 길은 언제나 대가를 치르게 되어 있다. 나는 계단을 오르듯 한 계단씩 성실하게 오르는 길을 택했다.

지금 당장은 터무니없어 보이는 꿈이라도 나는 꿈을 꿨다. 드림 노트에 '내 몸의 아픔과 고통은 모두 치유되고 자유로워진다' '나는 부자가 된다' '남에게 힘이 돼주는 좋은 사람이 된다' 등 내가 꿈꾸는 모든 것들을 하나씩 적으며 언젠가 그 꿈을 이룰 날을 상상하곤 했다. 미용실 잡지에서 벤츠 광고 페이지를 몰래 찢어와서 방에 붙여놓고 매일 다짐했다. 난 언젠가 슈퍼카를 타고 사랑하는 여자와 함께 정동진을 향해 달릴 거야. 나도 헬렌 켈러처럼 사람들에게 희망을 주는 책을 쓸 거야. 나 같은 사람들에게 용기를 줄 수 있는 강의를 할 거야. 모두에게 존경받는 사업가로 성공해서 세상에 도움이 될 거야. 또 집 근처 건물 벽에 손을 얹으며 나도 언젠가 꼭 이런 멋진 건물을 사서 내 사업을 펼칠 거야라고 다짐했다. 이 모든 꿈들을 이루려면 무엇을 해야 하는지 정확하게 알 수는 없지만 지금 여기서 불판 닦는 일부터 시작하는 거다. 이루고자 하는 삶의 목표가 분명하게 정해지자 그것을 향해 가는 길에 대한 열망과 절박함이 더욱 간절해졌다.

그때는 너무나 허무맹랑하게 들렸던 꿈들이, 지금은 모두 이루어졌다. 실제로 벤츠를 타고 고속도로를 누볐고, 사랑하는 아내와 함께 가정을 꾸렸고, 사람들에게 희망과 영감을 주는 책을 이렇게 썼고, 나처럼 갈 길을 잃은 사람들에게 용기를 주고 길을 안내하는 강의를 했다. 또한 15년 동안 세입자로서 겪었던 서러움에서 벗어나 내 건물에서 내 장사를 할 수 있는 방법을 많은 예비 창업자에게 안내하고 있다. 지금도 믿기지 않는다. 그때 그 어린 호동이가 홀로 서울에 와서 정당하게 돈을 벌고 그 돈을 바탕으로 지금의 자산을 만들었다는 것이.

사업을 하다 보면, 일을 하다 보면 빠른 길로 가고 싶어지는 순간이 온다. 원칙을 조금만 어기면 꽉 막힌 문제가 금방 해결될 것 같고, 살짝 요령을 피우면 일이 더 쉬워질 것 같다. 하지만 그렇게 도달한 곳에 천국은 없다. 좋은 성과는 좋은 과정을 통해 나온다. 졸부가 되지 말고 부자가 되자. 그리하여 자신의 경험을 타인에게 당당하게 공유할 수 있는 떳떳한 사업가가 되자.

돈 받으면서 배우는 법

　지금의 나를 아는 사람들은 상상하기 어렵겠지만 성인이 되기 전까지 나는 굉장히 내성적인 사람이었다. 사람을 만나면 얼굴을 똑바로 쳐다보지도 못했는데 시선을 어디에 둘지 몰라서 상대방의 목이나 이마만 쳐다볼 정도였다. 눈이 마주치는 것조차 부담스러웠고 처음 만나는 사람과 평범한 스몰토크도 할 줄 몰랐다. 사업가는 수많은 사람을 만나서 의견을 나누고 조율하고 협의하고 때론 지휘하고 감독하고 관리하면서 수익을 내는 직업인데 이런 성격으로는 사탕 하나 팔기도 어려울 것이다. 그때까지는 성격을 바꿀 필요성도 느끼지 못했고 굳이 바꾸려 애쓰지도 않았다. 성격이란 타고난 것이니 의지로 어찌해볼 수 없는 영역이라고 생각했기 때문이다.

　그런데 부자가 되겠다고 열여덟 나이에 서울에 올라오면서 상황이 달라졌다. 특별한 기술 없이 할 수 있는 일들이 주로 서빙이나 호객 같은 일들이다 보니 어쩔 수 없이 사람을 많이 상대해야 했다. 생존을 위해서는 선택의 여지가 없었다. 먹이사슬의 가장 밑바닥에 있던 내게 선택은 사치였고 사람들은 그런 나를 이용했다. 노동환경이 지금보다 훨씬 열악한 시대였다. 여차하면 사장님에게 막말을 듣거나 얻어맞는 일도 흔했다. 그렇게 모두가 나를 함부로 대하고 부려먹을 때 유일하게 내게 인간적인 대우를 해준 사장님이 있었다.

진심은 진심을 부른다. 나를 다른 사람들과 똑같은 인간으로 존중해주는 사람이 있다면 나 역시 그를 위해 진심으로 열심히 일해주고 싶은 마음이 드는 건 인지상정이다. 존중받은 만큼 보답하는 길은 열심히 일하는 것밖에 없다. 어떻게 하면 매출을 더 올릴 수 있을까. 어떻게 하면 단골손님을 늘릴 수 있을까. 본격적으로 '서비스를 잘하는 것'이 무엇인지 생각했다. 이 가게에 오는 손님들이 행복하고 즐거운 경험을 한다면 다시 이곳을 찾을 것이다. 그들에게 편안하고 즐거운 기억을 주고 싶다. 계속해서 사람을 불러모으는 사람이 되고 싶다….

그때부터 손님들의 모든 것을 기억했다. 자주 오는 커플, 어제 막 미용실을 다녀와 새로운 머리 스타일을 한 손님, 오늘은 어쩐지 기분이 안 좋아 보이는 손님, 핑크색을 특히 좋아하는 손님, 늘 아이와 함께 오는 손님, 사탕을 좋아하는 어린이 손님…. 손님이 가게에 들어서면 머릿속의 데이터를 총동원해 말을 걸었다. 머리 새로 하셨네요. 너무 잘 어울리세요. 오늘은 왜 혼자 오셨어요? 오늘 많이 힘드셨나 봐요. 콜라 하나 서비스로 드릴게요. 단 거 먹고 힘내세요. 핑크색 좋아하시니까 핑크색 팝콘으로 드려야겠다. 우리 어린이 옆에서 색칠놀이 할래?

이름까지 기억해 불러주면 손님들은 어떻게 그걸 기억하냐며 반가워했고 나는 늘 손님들을 향해 다정하게 웃었다. 이 가게에 오면 나를 기억하고 신경 써주고 관심을 가져주는 직원이 맛있는 음식을 내어준다는 것. 그 경험이 점점 더 많은 손님을 불러왔고 점점 더 많은 단골을 만들어줬다. 어떤 손님들은 오직 나를 보기 위해서 매장을 방문하곤 했다. 지나가다가 내 생각이 나서 들렀다며 잘 챙겨먹고 일하라고 통닭이나 피자 같은 것을 건네주고 가는 것이다.

"사장님, 저 코카콜라 냉장고 그냥 저한테 주세요. 저 보러 오는 손님들한테 눈치 안 보고 서비스 드리고 싶어요."

사장님은 내게 모든 것을 맡겼다. 나를 믿고 맡겨준다는 것은 더 큰 책임감과 사명감을 갖게 했다. 믿어주는 만큼 보답하겠다는 마음으로 더 열심히 일했다. 내가 하는 일은 그저 한 번 더 말 걸어주고, 다정하게 대해주고, 콜라 한 잔 서비스로 내어줬을 뿐인데 사람들은 그런 나를 좋아하고 신뢰했다. 무언가를 판매한다는 것은 기계적으로 상품과 돈을 교환하는 게 전부가 아니라는 걸 그 시절을 통해 배웠다. 낯선 사람과 눈도 못 마주치던 내가 누구보다 싹싹하고 친근하게 손님들에게 다가갈 수 있게 된 것은 바로 그런 깨달음 덕분이었다.

장사가 잘되고 매출이 늘어나니 사장님도 행복하고 나도 행복했다. 사장님에게 보답할 수 있어서, 손님들에게 즐거운 경험을 안길 수 있어서. 사장님은 내게 고맙다고 했지만 나는 그 고마움을 다시 돌려드렸다. 고마워해야 할 사람은 나였다. 나는 일을 통해 성장했다. 일을 통해 꿈에 다가가기 위해 필요한 트레이닝을 했고, 사람의 마음을 얻는 방법을 알게 됐고, 상황에 대처하는 요령을 익혔다. 심지어 월급까지 받았다. 돈 주고도 얻지 못할 배움을 나는 돈을 받으면서 얻은 것이다.

수영을 배우고 싶다면 일단 물에 들어가야 한다. 물에 들어가지 않고 수영하는 영상을 백 번 보고 있어봤자 수영하는 법을 배울 순 없다. 물이 얼마나 깊은지, 차가운지 따뜻한지, 물에 뜨려면 팔다리를 어떻게 해야 하는지 영상만 봐서는 결코 알 수 없다. 물에 직접 들어가보지 않으면 어떻게 수영을 배우겠는가. 책을 통해 많은 것들을 배우고 수많은 마음의 멘토를 만들었지만 현장에서의 이런 경험이 없었다면 내 배움은 완성되지 않았을 것이다. 소극적이고 사람 눈도 마주치지 못하는 성격을 바꿀 수도 없었을 것이다. 책을 통해 얻은 배움으로 머릿속에서는 지시를 내리지만 그걸 현장에 적용하고 실행하지 못한다면 그것은 죽은 지식이다.

교세라 창업자이자 경영의 신으로 불리는 이나모리 가즈오는 진정한 배움은 학교가 아니라 일을 하는 과정에서 이루어진다고 했다. 인간은 일을 통해 인격을 높이고, 일을 통해 성장한다. 학교에서의 가르침이 삶의 밑그림이라면, 일을 통한 배움은 그림을 완성해나가는 과정 그 자체다. 여기서의 일은 '월급을 받으니까 그냥 하는 일'이 아니다. 진심으로 그 일을 좋아하면서 잘하고자 애쓰는 노력과 성실함이 수반될 때 일에서 얻은 배움은 온전히 내 것이 된다.

창업을 꿈꾸는 사람 중에는 '나는 남의 밑에서 일 못하니까 내 사업을 하겠다'라는 사람들이 있다. 사람마다 일하는 스타일이나 추구하는 성향이 다르니 일견 이해가 되기도 한다. 하지만 그런 이유로 배움의 기회를 일부러 저버리는 것은 어리석은 선택이다.

누구나 처음 하는 일에서는 시행착오를 겪는다. 시행착오를 통해 우리는 때로 실패하고 실패를 기반으로 다시 일어서기도 한다. 야심차게 시작한 자신만의 사업을 무모한 실험대로 만들고 싶은 사람은 없을 것이다. 또한 내 사업을 일구기 전에 충분한 준비가 필요하다는 것에 이견은 없을 것이다. 그러한 '준비'에는 절대적으로 배움의 시간이 필요하다. 입점하고 싶은 상권을 정했다면, 그 상권 내의 다른 영업장에서 파트타임이라도 직접 일해봐야 한다. 이 지역의 유동 인구는 얼마나 되는지, 사람이 가장 많은 시간대는 언제인지, 점심 영업이 강세인지 저녁 영업이 강세인지, 내가 지금 일하고 있는 영업장의 장점은 무엇이고 약점은 무엇인지, 혹은 개선할 점은 무엇이고 벤치마킹해볼 점은 무엇인지를 가장 쉽고 빠르게 익힐 수 있는 방법은 '직접 일해보는 것'이다. 이런 기회를 마다하고 처음부터 맨땅에 헤딩으로 이 사업을 성공시키겠다는 배짱은 시행착오의 시간과 실패의 확률만 높일 뿐이다.

10대 후반에서 20대 중반까지 나를 써준다는 곳이라면 가리지 않고 달려들어 일했던 시간이 오늘의 나를 만들었다. 정말 일하기 싫은 순간도 있었고 더럽고 치사해서 당장 그만두고 도망치고 싶은 순간도 있었다. 또한 매출을 높이는 데 기여하고 싶어 최선을 다해 노력했던 시절도 있었다. 그때는 그 시간들이 훗날 내게 어떤 자산으로 어떻게 돌아올지 구체적으로 알지 못했지만 돌이켜보면 무엇으로도 대체할 수 없는 귀한 배움의 기회였다. 성공의 기회는 학교 지식에만 있는 게 아니다. 안전하다고 느끼는 집이나 학교 문밖에 설레고 멋진 기회가 있다. 외식업의 구조, 서비스의 기초, 커뮤니케이션 방법, 매출 증대를 위한 마케팅 기법 같은 것들은 어느 날 갑자기 하늘에서 뚝 떨어지지 않았다. 몸으로 체득한 실전 경험이 돈 주고도 얻을 수 없는 소중한 노하우로 돌아온 것이다. 세상에 헛된 경험은 없다. 나는 그 진실을 믿었다.

팔랑귀를 접어라

사업을 시작하는 사람들이 제일 먼저 하는 일이 무엇일까? 사업 아이템 구상? 입지 분석? 메뉴 개발? 실제로 사업을 시작하려는 사람들은 제일 먼저 친구에게 의견을 묻는 것부터 시작한다.

"이렇게 저렇게 해서 보세 옷가게를 해볼 건데 어떨 거 같아?"

"○○거리에 도시락 배달집을 해보면 어떨까?"

"요즘 ○리단길이 뜬다는데 무인 카페 한번 열어볼까?"

이런 질문에 돌아오는 답은 대부분 부정적이다.

"보세는 경쟁력이 없지 않아? 요즘은 다들 명품만 찾는대."

"도시락 이제 포화 상태야. 코로나 때문에 너도나도 도시락 배달하잖아."

"무인 카페가 쉬울 것 같냐. 나 아는 사람도 그거 하다가 관리가 어려워서 석 달 만에 접었어."

의외로 많은 사람이 바로 이 단계에서 사업 구상을 접는다. 이런 조언들은 일견 타당하고 일리 있어 보인다. 실제로 주변 사람의 조언이 꼭 틀린 말도 아니다. 그럼에도 창업 관련해서 멘토링을 요청해오는 예비 창업자분들에게 내가 제일 많이 하는 말은 '주변 사람들의 말을 듣지 마라'이다. 사업을 하는 데에 돈이 한두 푼 드는 게 아닌데 다른 사람의 조언을 듣지 말라니, 조금은 황당하게 들릴 수도 있을 것이다. 물론 사업을 시작할 때는 신중해야 한다. 막연한 낙관이나 아이디어만 가지고 섣불리 시작했다가는 낭패를 볼 수 있다. 그러나 신중을 기하는 것과 불안에 떠밀리는 것은 다르다.

누구나 새로운 일을 시작할 때는 불안하다. 자신의 생각이나 계획에 확신을 갖기 어렵기 때문에 자꾸만 의견을 묻고 조언을 듣고 싶어진다. '집 앞 사거리에서 호떡장사를 하면 대박날 것 같은데 그것이 혼자만의 허황된 꿈은 아닌지 의심스럽다.' '주변 사람들도 내 생각에 동의를 해주면 어쩐지 사업의 타당성을 인정받을 수 있을 것 같다.' 이런 생각으로 아이디어 단계에서 지인들을 붙잡고 자꾸 질문을 한다. 하지만 지인들은 사업 아이디어에 관한 질문을 받으면 가장 먼저 '우려'를 앞세운다. 당연하다. 그들은 남이 아니기 때문이다. 그들은 이미 나의 관계 속에 있기 때문에 객관적인 사업분석보다는 애정 어린 걱정이 앞설 수밖에 없다. 그래서 과도하게 비판적인 태도를 보이고 조금이라도 리스크가 있어 보이면 부정적인 피드백을 준다. 의도는 선하지만 결과적으로 부정적인 영향을 끼치게 되는 것이다.

　여기서 또 문제가 되는 것은 조언을 해주는 지인들 스스로 본인이 '객관적 시각'을 가졌다는 착각 속에 있다는 것이다. 실제로는 무경험자이면서 말이다. 이들은 결코 객관적일 수 없다. 모두가 각자의 경험치와 정보에 기반해 지엽적인 판단을 내릴 뿐이다. 사적인 관계와 개별적 경험에 의존한 조언은 오히려 예비 창업자의 도전 정신만 갉아먹게 될 것이다. 사업을 시작하려는 사람은 개인적인 조언과 건설적인 비판을 구분할 줄 알아야 한다. 지인들의 의견이 일견 타당해 보인다면, 그리하여 이 사업 아이템에 약점이 보인다면 그 약점을 극복할 해결책이 있는지 찾을 수 있어야 한다. 비판에는 언제나 대안이 필요하다. 대안 없는 부정적인 피드백에 움츠러들면 기회를 잃는 건 나 자신이다. 주변 사람들의 반대에 시작도 하지 않고 포기해버리지 말자.

　성공한 연예인들이 TV 토크쇼에 출연하면 "부모님의 반대가 극심했다"라는 말을 흔히 한다. 과거 부모 세대의 경험치와 사회적 기준으로는 연예인이 천박하고 하찮은 딴따라라는 인식이 강했기 때문일 것이다(물론 요즘 아이돌들의 부모 세대는 또 다른 기준이 있겠지만). 그들은 바로 '부모'라서 극심한 반대를 할 수 있는 것이다. 내 아이가 안정적인 길을 가기를 바라는 부모의 욕망, 조금이라도 힘든 길은 가지 않았으면 하는 걱정이 객관적 판단을 하기 어렵게 만든다. 그 아이들이 자녀가 아닌 남이었다면 판단이 달랐을지도 모른다. 관계 속에 놓인 조언은 객관성을 갖기가 어렵다. 만약 그 연예인들이 부모의 반대에 굴복해 도전하지 않았다면 우리는 TV에서 그들을 만날 수 없었을 것이다. 부모의 욕망대로 모두가 위험을 감수하지 않고 공무원이 된다면, 지금 이 세계를 이끄는 혁신적인 기업가들 역시 탄생하지 못했을 것이다.

창업을 한다는 것은 당연히 안전하고 안정적인 길은 아니다. 하지만 스스로 그 길을 걷겠다 마음먹었다면, 위험을 감수할 각오를 다져야 한다. 한 번도 가보지 못한 길에 발을 내딛으면서 단 한 번도 헤매지 않고 곧은길로 목적지에 도착하기를 바라서는 안 된다. 다만 그 위험을 최소화할 수 있도록 준비하고 공부하고 내공을 키워야 한다. 호떡장사를 하고 싶다면 왜 다른 것도 아닌 호떡을 주력상품으로 정했는지, 왜 집 앞 사거리로 장소를 선정했는지, 어떤 호떡을 누구에게 팔고 싶은지, 호떡이 가장 잘 팔릴 만한 시간대는 언제인지, 경쟁업체는 어디에 몇 개나 있는지, 사거리의 유동인구와 주거 인구는 몇 명이나 되는지, 조사하고 분석하고 답을 찾아야 한다. 리스크와 기회는 사업을 구상한 본인이 가장 잘 알고 있어야 하고 이 모든 과정을 직접 체득해야 성장할 수 있다.

창업을 하면 성공할 수도, 실패할 수도 있다. 실제로 성공 확률보다 실패 확률이 더 높다. 그럼에도 가능성을 믿고 도전하고 싶다면 주변의 말들에 흔들리지 말고 직접 경험하고 부딪쳐야 한다. 이 길은 위험하니 가지 말라는 말을 듣고 그 길을 가지 않으면, 그

길이 왜 위험한지 영원히 알 수 없다. 그 위험을 겪지 않는다고 해서 위험이 존재하지 않는 것은 아니다. 오히려 돌다리를 두들겨보다가 결국 아무것도 못하게 되어 그걸 해낸 다른 사람의 성공을 배 아파만 하는 경우를 많이 봤다. 언젠가 우리는 예상치 못한 시련과 마주할 것이다. 작은 위험들을 극복하고 해결하는 과정을 겪으며 성장해야 더 큰 위험에 의연하게 대처할 수 있다.

젊은 시절을 다 바쳐 열심히 모은 전 재산을 들고 첫 창업을 했지만 나도 결국 실패했다. 실패의 순간을 직접 경험하고 싶은 사람은 없을 것이다. 나는 호기롭게 시작한 첫 사업을 말아먹고 절망과 후회로 정말 괴로웠다. 그러나 그 실패가 없었다면 나의 성장은 멈췄을 것이다. 누군가 가게의 입지가 너무 안 좋으니 그곳에서 창업을 하면 안 된다고 말렸다면, 그래서 그 조언을 그대로 받아들였다면 나는 도전할 기회도, 실수를 통한 배움도 얻지 못했을 것이다. 지금 와서 돌이켜 보면 그때 그 실패는 나에게 독이 아니라 약으로, 큰 성공의 기회가 되어주었다. 실패를 통해 월급 사장의 기회를 얻었고, 그 기회가 나를 새로운 통찰로 이끌었고, 온라인 마케팅이라는 시장에 뛰어들어 다른 세계를 경험하게 했다. 온라인 마케팅의 세계를 몰랐다면 타르타르나 라라브레드의 성공도 이어지지 못했을 것이다.

그 모든 것은 결국 남의 말에 흔들리지 않고 직접 부딪치며 얻은 소중한 경험 덕분이다. 설령 남의 말을 듣지 않아서 실패했다

하더라도, 그 실패를 후퇴가 아닌 성장과 발전으로 만든 것도 나 자신이다. 돈을 잃지 않기 위해서는 돈을 잃어봐야 하는 것일지도 모른다. 돈을 잃어본 사람만이 돈을 지키는 방법을 터득할 수 있다. 조언이 아닌 경험을 듣고, 그 경험을 내 것으로 만들자. 창업에 정답은 없다. 이제는 팔랑귀를 접고 자신에게 집중할 때다.

성공하는 창업가에게 꼭 필요한 것

1. 책은 성공의 원천이다

창업을 꿈꾸는 이들에게 내가 가장 강조하는 것은 바로 '꼭 책을 읽으라'는 것이다. 작가가 될 것도 아니고 학자가 될 것도 아니며 자영업을 하고자 하는 이들에게 책이 왜 필요한가 의문이 든다면, 당신은 더더욱 책을 읽어야 한다. 책은 모든 것의 시작이자 끝이다. 때론 삶의 방향을 이끌어주기도 하며 당장 내게 필요한 정보와 지식을 한가득 선사해주기도 한다. 어떤 일을 하든, 어떤 삶을 살든, 책은 반드시 우리의 일생 전체에 걸쳐 함께해야 하는 존재다.

주머니에 5만 원을 넣고 서울로 올라와 100억대 자산가가 되기까지 나를 이렇게 이끈 것의 전부는 책이라 할 수 있을 정도로 책은 내 인생에 가장 큰 영향을 끼쳤다. 내 성공의 모든 것은 전부 책에서 배웠다. 책에는 내가 아직 가보지 못한 길에 관한 경험과 내가 아직 접하지 못한 지식과 내가 아직 깨닫지 못한 성찰이 가득 담겨 있다. 때론 사업에 어려움을 겪을 때 실질적인 가이드를 제공해주기도 하고 방법을 몰라 헤맬 때 길을 안내해주기도 한다. 세상이 좋아져서 스마트폰 하나만 손에 들면 못 찾는 정보가 없는데 왜 굳이 책을 읽어야 하나 싶을 테지만, 필요한 정보를 단편적으로 찾아서 습득하는 것과 한 사람의 인생과 지혜의 통찰을 통해 인사이트를 얻는 것은 전혀 다르다. 책은 단순히 정보와 지식만을 전달하는 도구가 아니다.

예비 창업가들을 대상으로 강의를 하면서 "책을 읽으세요. 책을 읽어야 성공합니다"라고 했더니 어떤 분이 내 말을 믿지 못하겠다는 듯이 이렇게 말했다.

"저는 죽어라 책만 봤는데 한 번도 성공한 적이 없어요."

책을 읽는다는 것은 그저 활자를 읽는다는 게 아니라 저자의 통찰을 내 것으로 받아들이고 생각하고 고민하는 과정을 말한다. 책을 많이 읽는 것은 물론 중요하다. 여기서 중요한 것은 '많이'가 아니라 '읽는 것'이고 읽으면서 생각하는 것이다. 백 마디 좋은 말을 백 번 들어도 그 수많은 지혜와 통찰을 내 것으로 만들지 못하면 책은 아무 의미가 없다.

사업가로서 성공하려면 그저 좋은 제품과 서비스를 제공하고 돈을 많이 벌 수 있는 방법만 연구해서는 안 된다. 사업가는 사람을 잘 다룰 줄 알아야 하고 다양한 사람과 소통할 줄 알아야 하며 세상이 돌아가는 이치를 정확히 꿰고 있어야 한다. 사업가는 난관에 부딪혔을 때 현명하게 해결할 줄 알아야 하고 사람의 마음과 욕망을 파악할 줄 알아야 한다. 이 모든 것은 단편적인 지식이나 실용적인 정보만으로는 얻기 힘들다. 지금 당장 서점에 가라. 내 눈을 사로잡는 제목이 있다면 무엇이든 일단 집어 들고 읽어라. 만원 남짓한 한 권의 책으로 다른 사람이 평생을 통해 얻은 인사이트를 내 것으로 만들 수 있다면 이보다 더 좋을 수 없다.

2. '잘되면 네 덕, 안 되면 내 탓'의 자세

보통 많은 사업가들이 반대로 생각한다. 잘되면 내 덕, 안 되면 네 탓. 그렇기 때문에 일이 잘 안 풀릴 때는 언제나 다른 사람에게 이유를 찾으려 하고 원망만 늘어놓다가 해결책을 찾지 못한 채 좌절하고 만다. 반대로 일이 잘 풀릴 때는 모든 것이 나의 능력 덕분이라고 생각한다. 자신감이 넘치고 세상에 못할 일이 없는 것처럼 느껴진다.

리더가 이런 자세를 가지면 다 같이 망한다. 문제의 원인을 외부에서만 찾으려고 하면 아무것도 해결할 수 없다. 물론 시스템이 잘못되었다면 수정해나가고 객관적인 관점으로 원인을 파악해 이를 해결하는 과정은 반드시 필요하다. 그러나 외부적인 문제는 결국 리더의 리더십 영향 아래에서 발생한다. 따라서 늘 자기 자신을 먼저 돌아볼 줄 알아야 한다. 내 그릇이 간장 종지 크기인데 직원들에게는 세숫대야 같은 그릇을 기대해서는 안 된다. 내가 먼저 모든 것을 품을 준비가 되어 있어야 나를 믿고 따르는 이들도 그 안에 들어올 수 있다. 좋은 리더는, 좋은 사업가는 자신의 그릇을 스스로 넓히고 자신의 부덕을 인정하며 타인의 장점과 약점을 넓게 포용할 줄 아는 사람이다.

3. 부모의 마음으로 직원의 성장을 응원하기

월급사장으로 한창 바빴던 시절의 일이다. 일손이 부족해 혼자서 일당백을 해내며 고양이 손이라도 빌리고 싶을 정도로 힘들었는데, 여기저기 매니저 구인공고를 내봐도 사람이 구해지질 않아서 애를 먹고 있었다. 가게 일은 바쁘지, 결혼이 코앞이라 결혼 준비에 정신이 없지, 사람은 안 구해지지 정말 미치고 팔짝 뛸 노릇이었다. 그러던 중 유일한 지원자가 나타났다. 그러나 반가운 마음도 잠시, 15분이나 지각한데다 면접을 보러 오는 폼이 어째 좀 이상했다. 반항기 가득한 얼굴에 껄렁껄렁한 태도까지 마음에 드는 구석이라곤 찾아볼 수가 없었다. 면접은 형식적으로 진행하고 얼른 끝내야겠다는 생각이 들었다.

그렇게 체념하듯 시작한 면접이 어찌 된 일인지 두 시간 가까이 이어졌다. 나는 이상하게 이 청년에게 마음이 끌렸다. 어릴 때부터 학대를 당했고 제대로 배우지 못했으며 소년원과 감방을 드나들며 인생이 더 망가졌지만 다시 잘 살아보고 싶다며 담담하게 자기

이야기를 풀어놓는 그의 눈빛에서 어린 시절의 나를 발견했다. 그의 눈빛은 매서웠지만 그 날카로운 시선 속에 담긴 진심과 외로움을 읽을 수 있었다.

다음 날부터 우리는 함께 일했다. 어찌나 호흡이 잘 맞던지 손님으로 가득 찬 홀을 단둘이서만 커버하느라 발에 땀이 차도 힘든 줄을 몰랐다. 그 친구가 열심히 일해준 덕분에 나는 결혼 준비도 무사히 마칠 수 있었고 매장도 아주 잘 돌아갔다. 그는 어디에서도 8개월 이상 일을 해본 적이 없다고 했는데 무려 2년을 나와 함께 일했다. 무엇이 달랐을까. 이전과 무엇이 달랐길래 그토록 열심히, 자신의 근속 기록을 경신하며 오랫동안 나와 함께 일할 수 있었을까.

"형, 나는 태어나서 사랑을 받아본 기억이 없어요. 근데 형한테서는 진짜 사랑받는 느낌이에요. 그래서 너무 고맙고 보답하고 싶은데 내가 형을 위해 할 수 있는 일이 뭐 있겠어요. 그저 열심히 일하는 것밖에 없죠."

나는 단 하루라도 나를 위해 일해주는 직원이라면 진심으로 대했다. 비록 첫인상에서 잘못된 판단을 내릴 뻔했지만 같이 일하기로 한 이상, 나 역시 최선을 다했다. 동네 형처럼 챙겨주고 저축도 할 수 있게 도와주면서 같이 영화도 보고 맛있는 게 있으면 갖다 줬는데, 이런 사소한 행동들이 그 친구에게는 결코 사소하게 다가오지 않았던 것이다.

사업가가 되려면, 그리고 진정한 리더가 되려면 자식 키우는 부모의 마음으로 직원을 성장시킬 줄 알아야 한다. 나무가 잘 자라기 위해서는 뿌리를 깊이 내리고 튼튼해져야 한다. 리더는 나무가 뿌리를 잘 내릴 수 있도록 기반을 다지고 가꾸는 사람이다. 어디서든 오래 일하지 못하고 배우지 못했다던 그 청년이 매장에 없어서는 안 될 핵심 인재가 된 것처럼, 처음에는 역량이 조금 부족한 사람도 뛰어난 직원으로 성장시키는 리더가 된다면 어떤 악조건 속에서도 성공할 수 있다. 사업의 성패를 가르는 요인은 여러 가지가 있겠지만 그중에서도 가장 중요한 것은 사람이다. 한 사람의 뛰어난 직원이 사업을 흥하게 하기도 하고, 한 사람의 무능력한 직원이 사업을 망하게 하기도 한다. 한 사람의 뛰어난 직원은 나를 성장시키고, 나의 성장은 직원을 성장시킨다. 인간은 서로 배움을 주고받으며 성장한다. 다시 한번 강조한다. 사람을 귀하게 여기고 함께 성장하자. 세상 모든 일들은 내가 베푼 만큼, 내가 노력한 만큼 돌아온다.

4. 포기하지 않는 습관

식당에서 직원을 뽑았다. 일을 시작하라고 유니폼을 줬는데 가장 바쁜 시간에 손님들이 줄 서는 모습을 보더니 15분 만에 화장실에 유니폼을 버리고 도망갔다. 믿기지 않겠지만 실화다. 내가 직접 경험한 일이다.

서비스업에 종사하는 사람들은 유난히 이직이 잦다. 잦은 이직에는 다양한 이유와 저마다의 사정이 있겠지만 내가 분석한 바로 이들의 공통점은 '포기가 습관이 된 사람'이라는 것이다. 오래 일하지 못하고 그만둔 직원들을 역추적해 근황을 알아보니, 이들은 과거에도 그랬고 지금까지도 계속해서 '쉽게 그만두는 사람'으로 살고 있었다. 일이 힘들어서, 손님이 너무 많아서, 급여가 적어서, 동료가 마음에 들지 않아서, 식사가 별로여서, 쉬는 날이 적어서…. 이유가 없지는 않았다. 그리고 그 이유가 일견 납득이 되기도 한다. 문제는 이런 퇴사가 짧은 기간을 두고 계속해서 반복된다는 것이다.

"여기서 그 문제를 해결하지 못하고 다른 데로 옮기면 어려움이 없어질까? 다른 곳으로 가서 똑같은 문제를 겪으면 그때는 어떻게 할래? 그럼 또 그만둘 거야? 언제까지 메뚜기처럼 옮겨 다니며 문제를 회피하며 살 건데? 지금 내 앞에 닥친 어려움을 극복하고 이겨낼 줄 알아야 성장할 수 있는 거야."

일을 쉽게 그만두는 직원에게 늘 이런 조언을 해주지만 이미 포기하는 게 습관이 되어버린 이들에게는 이런 말조차 제대로 닿지 않는다. 어려움 앞에서 쉽게 포기하고 체념하는 사람은 어떤 성취도 이룰 수 없다. 사업가로서 성공할 수 없는 것도 당연하다. 세상 어떤 사업가도 꽃길만 걸으며 성공한 사람은 없다. 오히려 시련과 위기를 극복하려는 과정에서 더 나은 길을 찾으면서 상승 가도를 달리게 된 경우가 훨씬 많다. 그도 그럴 것이 위기를 맞았을 때 포기해버리면 모든 가능성이 닫혀버린다. 이 난관을 이겨내기 위해 열심히 노력해도 잘되지 않을 수 있고, 잘될 수도 있다. 일단 노력하고 시도해보면 모 아니면 도지만, 포기하면 그냥 '없을 무'의 상태가 된다. 포기하지 않아야 '화'를 '복'으로 만들 수 있다. '전화위복'의 기회는 계속해서 도전하고 위기를 극복하고자 노력하는 이의 것이다. 이미 썩어서 죽은 나무는 세찬 바람과 폭풍우에도 흔들리지 않는다. 오직 살아 있는 것들만이 시련을 겪는다. 그 시련을 이겨내야 계속해서 살아 있을 수 있다. 어떤 상황에서도 멈추지 말고 포기하지 말자. 그래야 뭐라도 되고, 뭐라도 이룬다.

5. 결국은 잘될 것이라는 긍정적인 마음

사업을 하다가 일이 잘 안 풀리면 사람은 쉽게 절망에 빠진다. 일이 잘되지 않는데도 막연하게 '잘될 거야' 하는 믿음을 갖기란 쉬운 일이 아니다. 그럼에도 나는 예비 창업가들에게 늘 강조한다. 안된다고 생각하면 될 일도 안된다고.

성공한 사람들이 공통적으로 말하는 성공 비결은 바로 '긍정적인 마음가짐'이다. 성공한 사람들이 "저는 비관적인 사람입니다" "저는 안 될 거라고 생각해서 도전하지 않았습니다"라고 말하는 걸 들어본 적이 있는가. 자신감이 부족한 것과 부정적인 사고를 하는 것은 다르다. 자신이 비록 자신감이 부족하고 소극적인 성격의 소유자라고 해도 늘 긍정적인 자세로 세상을 바라보면 언젠가는 이루고자 하는 것을 성취해낸다. '두렵긴 하지만 한번 해보자, 해보고 나서 잘되면 좋고 안되면 어쩔 수 없지'라고 생각하는 사람과 '해봤자 안 될 거야. 실패할 줄 알면서 시도하는 건 시간 낭비야'라고 생각하는 사람이 어떻게 같은 성취를 이루겠는가.

원하는 바가 있다면 우주가 모든 기운을 모아준다는 우스갯소리는 다소 허황된 말처럼 들리지만 실천하는 사람에게 그것은 곧 현실이 된다. 일이 잘 되든 못 되든 일단 도전해보고 그 결과를 받아들이려 하는 긍정적인 마음으로 시작한다면 설령 실패하더라도 그 실패를 통해 더 많은 경험을 하고 배움을 얻는다. 그것은 다시 내 자산이 되어 다음 일의 성공 확률을 높여준다. 하지만 해봤자 안 될 거라며 시작도 하기 전에 포기해버린다면 경험을 통한 배움도, 성취도, 통찰도 전혀 얻을 수 없다.

리더가 되고자 하는 이들이라면 더더욱 긍정적인 마음으로 사업에 임해야 한다. 매사에 부정적인 사고를 하는 사람이 리더가 된다면 그 사람은 수많은 사람을 고통스럽게 할 것이다. 열정과 의욕이 넘치는 직원들의 사기를 꺾고, 실패의 책임을 타인에게 떠넘기고, 아무런 도전도 하지 않은 채 스스로를 비관하는 리더라면 누가 그 사람과 함께 일하며 미래를 꿈꾸고 싶겠는가. 사업을 하다 보면 많은 난관에 부딪힌다. 세상의 모든 일이 그렇다. 그런 어려움의 순간에 나부터 긍정적인 마음을 가져야 '우주의 기운'을 내 것으로 끌어올 수 있다. 그래야 성공을 현실로 이끌어올 수 있다는 것을 잊지 말자.

또 부정적인 것과 부정적인 측면을 고려하는 건 완전히 다르다. 일 진행이 잘 안되면 왜 내가 이렇게 부정적인 시각으로 바라보는지, 어디서부터 잘못됐는지를 마음을 가다듬고 하나씩 반대편에서 검토해보자.

6. 남들과 다른 관점

나는 살면서 '같은 것을 다르게 본다'는 것에 관해 한 번도 생각해본 적이 없었다. 어릴 때부터 주어진 대로 사는 것을 당연하게 생각하고 무기력하게 살아오다가 책을 접한 뒤 인생이 완전히 다르게 전개됐는데, 지금 생각해보면 바로 그 순간이 내가 세상을 보는 관점이 달라진 시점인 것 같다. 혈우병이라는 불치의 병을 가진 두 사람이 있을 때, 한 사람은 이 병은 고칠 수 없으니까 학교에서, 사회에서 시키는 대로 조용히 보이지 않는 곳에 가만히 있는다고 생각해보자. 또 한 사람은 병을 고칠 수 없다고 내 인생도 고칠 수 없는 것은 아니라고 생각하며 이런저런 도전을 한다고 생각해보자. 두 사람의 인생은 전혀 다른 방향으로 흘러갈 것이다.

《관점을 디자인하라》라는 책을 읽으면서 내가 지금껏 해온 선택들이 바로 관점을 바꾸는 것에서 비롯된 터닝 포인트들이었다는 걸 깨달았다. 내게 주어진 조건을 다시 생각하는 것, 답이 없다고 생각했던 문제를 다른 관점에서 들여다보고 다른 방향의 답을 찾아내는 것, 남들과는 다른 아이디어와 통찰을 얻기 위해 끊임없이 생각하고 고민하며 혁신을 꿈꾸는 것. 그런 관점들이 모여 사업가로서의 내 삶은 더욱 풍성하게 뻗어나갔다. 나는 《관점을 디자인하라》를 쓴 박용후 작가의 열렬한 팬이 되었다. 남들과 다른 관점으로 세상을 바라보는 것만으로도 너무나 많은 것이 달라지고 발전할 수 있다는 메시지는 내 삶의 황금빛 동아줄 같은 것이었다. 나는 그분을 내 평생의 은인이자 스승으로 삼고 결국 라라브레드의 고문으로 모셔왔다.

세상을 다르게 보는 것만으로 무엇이 달라지겠느냐고 되묻고 싶은가? 자, 여기서 앞서 언급한 메시지를 다시 떠올려보자. 세상을 다르게 본다고 뭐가 달라지겠느냐고 생각하는 사람과 세상을 다르게 보면 다른 답을 찾을 수 있다고 생각하는 사람. 후자는 진짜 답을 찾을 것이고 전자의 인생은 아무것도 달라지지 않을 것이다. 관점은 단순히 시각적인 시선만을 의미하는 게 아니다. 비슷한 조건에서 우리는 대부분 비슷한 생각을 한다. 하지만 이 치열한 경쟁사회 속에서 남들보다 조금이라도 앞서 살아남으려면 남들과는 다른 길을 고민하고 개척해나가야 한다. 그 시작은 바로 나만의 관점으로 세상을 다르게 보는 것이다. 프랑스 소설가 폴 부르제의 말처럼 생각하는 대로 살지 않으면 결국에는 사는 대로 생각하게 된다.

부록

창업가들이 가장 많이 하는
질문과 답 Q&A

Q. 성격이 너무 내성적이라 걱정입니다. '어서오세요' 인사 한마디를 할 때도 목소리가 떨려요. 이 성격으로 어떻게 장사를 잘할 수 있을지 고민이 됩니다.

A. 저도 사실은 굉장히 내성적인 성격이라서 손님을 계속 대면해야 하는 서빙을 할 때 많이 힘들었습니다. 하루아침에 성격을 바꾸기는 쉽지 않으니까요. 하지만 지속적인 연습을 통해서 개선할 수는 있습니다. 아르바이트를 3~6개월 정도 해보면서 손님에게 다가가고 말을 거는 연습을 해보세요. 처음에는 어색하고 입이 안 트이겠지만 내가 먼저 적극적으로 시도해보지 않으면 달라질 수 없습니다. 도저히 말문이 안 트인다 싶으면 나만의 스크립트를 만들어보는 것도 좋습니다. 자주 마주하는 상황을 설정해두고 이런 상황에서는 이런 말을, 저런 상황에서는 저런 말을 할 수 있게 미리 대본을 작성해서 외워두는 것이지요. 사장님과 미리 협의를 해서 손님에게 서비스로 드릴 수 있는 항목을 정해두고 제공하는 것도 좋습니다. 서버는 서비스 메뉴를 드리면서 자연스럽게 설명을 하게 되고 받는 입장에서도 호의적인 태도를 보일 수밖에 없기 때문에 대화 분위기도 긍정적으로 흐릅니다. 그럴 때 좀 더 자신감을 가질 수 있게 되지요. 항상 손님을 먼저 살피고 무엇이 필요한지, 무엇을 도와드려야 하는지 미리 생각하는 습관을 들이면 나중에는 대본 없이도 자연스럽게 소통할 수 있을 것입니다.

Q. 인터넷에 저희 가게에 관한 악플이 달렸어요. 사실이 아닌 내용을 써놓고 욕하는데 너무 화가 납니다. 어떻게 대처해야 할까요?

A. 서비스업을 하다 보면 이런 일, 저런 일이 많이 생깁니다. 현장에서의 컴플레인이라면 어떻게든 대응을 해볼 텐데 사업주가 컨트롤할 수 없는 인터넷 공간에서 악평이 남겨진다면 정말 곤란하지요. 가장 먼저 세상 모든 사람을 만족시키는 음식이나 서비스는 없다는 걸 인정해야 합니다. 내가 아무리 열심히 하고 노력을 해도, 그래서 100명 중 99명이 만족한다고 해도 누군가는 불만족스러운 경험을 할 수도 있습니다. 단 한 명의 불만이라도 인터넷 공간에 공개되면 불특정 다수의 잠재고객에게도 공개되기 때문에 매우 조심스럽게 대응해야 합니다.

일차적으로는 그분들의 불만을 인정해드려야 합니다. 사람마다 같은 서비스나 음식도 다르게 받아들일 수 있기 때문입니다. 최대한 공손하게 사과를 먼저 건네고 해명이 필요한 사안이면 간단하게 설명을 덧붙이며 고객의 불만 사항에 관한 구체적인 개선 의지를 보여주면 더욱 좋습니다. 대부분의 경우 사업주가 이런 태도를 보여주면 손님도 어느 정도 수용합니다.

단순한 불만 이상의 악의성이 보인다면 배달 플랫폼의 경우 고객센터와 소통해 최대한 삭제할 수 있도록 하고, 고객과 직접 소통할 수 있는 상황이라면 유선을 통해 직접 사과하고 설명할 수 있는 기회를 만들어보는 것도 좋습니다. 보통은 순간적으로 욱하는 마음에 악플을 다는 경우가 많은데 목소리로 소통하면 글보다 훨씬 디테일한 뉘앙스를 전달할 수 있기 때문에 오해를 풀어가기에 더 효과적입니다.

그러나 이러한 대응이 통하지 않거나 악의적이고 반복적으로 악플을 남긴다면 좀 더 단호한 대응이 필요합니다. 요즘은 이런 일이 제법 자주 일어나고 있어서 저렴한 비용으로 법적 대응에 필요한 서류 작성을 대행해주는 법무법인이 많이 있습니다. 전문가를 통해 내용증명을 보내 더 이상 확대되지 않도록 경고를 보내거나 그마저 해결이 안 된다면 명예훼손이나 허위사실 유포 등으로 법적 대응을 하는 것도 가능합니다. 하지만 이것은 정말 최악의 상황입니다. 되도록 법적인 대응까지 하는 상황을 만들지 않고 초기에 진화하는 것이 가장 중요합니다.

Q. 장사가 너무 안돼서 힘듭니다. 안 그래도 매출이 떨어지는데 배달수수료를 떼고 나면 남는 게 없어요. 음식 가격을 올려야 할까요?

A. 메뉴마다 마진율이 다를 것입니다. 원가계산을 정확히 해서 메뉴의 마진율에 따라 음식 가격을 다시 설정하세요. 마진율이 40퍼센트 이상 되는 메뉴의 가격은 그대로 유지하고 마진율이 낮은 경우 가격을 조금 올려도 좋습니다.

Q. 원재료비를 생각하면 음식 단가는 지금이 적정한 가격인데 손님들이 자꾸 비싸다고 합니다. 가격을 내리면 손해를 볼 수밖에 없는데 어떻게 해야 할까요?

A. 음식 가격은 주변 상권의 평균적인 단가도 고려해야 합니다. 강남 한복판에서 파는 파스타 가격과 경기도 외곽의 작은 동네에서 파는 파스타 가격이 같을 수는 없기 때문입니다. 임대료 등의 차이도 있지만 동네에 따라 소비자가 받아들이는 심리적인 가격 저항선도 분명 존재합니다. 음식 가격에 관한 생각은 사람마다 다를 수 있습니다. 소수의 컴플레인이라면 크게 신경 쓸 필요가 없지만 고객 인터뷰를 통해 그런 의견이 다수를 차지한다면 고민해봐야 합니다.

원재료비가 비싸고 그에 따라 음식 가격을 조정하기 어렵다면 재료를 바꾸는 것도 생각해보세요. 1만 5000원짜리 파스타를 1만 2000원으로 내리려면 원재료를 바꾸는 수밖에 없습니다. 음식 맛의 퀄리티를 떨어뜨리지 않고 보다 저렴한 재료로 만들 수 있는 방법을 고민하고 레시피를 다시 연구해보기를 권합니다.

Q. 식재료 재고관리가 안 됩니다. 손님이 느는 것 같아서 주문을 많이 하면 손님이 안 와서 재료가 남고, 손님이 없어서 주문을 적게 하면 갑자기 손님이 들이닥쳐서 재료 부족으로 장사를 못해요. 수요 예측을 못해서 식재료 매입을 어떻게 해야 좋을지 모르겠어요. 도와주세요.

A. 초보 창업가분들은 수요 예측을 어려워 하는 경우가 흔합니다. 처음부터 완벽할 수는 없으니 너무 초조해하지 마시고 차근차근 해결해나가시면 됩니다. 한 달 정도 포스 정보를 집계해서 통계를 내보세요. 요일별로 각각의 요일에 어떤 메뉴가 몇 개가 나갔고 주말에는 몇

개가 나갔는지 한눈에 정리해서 분석해보시면 대략적인 수요 예측이 가능합니다. 특별한 이슈가 있는 날에는 따로 메모를 해두면 예외적인 상황에도 대비할 수 있습니다(예: 명절 연휴 전야, 어린이날, 밸런타인데이, 주변 대학 축제 기간 또는 시험 기간 등). 이렇게 포스 집계를 통해 월 매출을 분석하고 매출 대비 재고 로스는 언제나 2퍼센트 이하로 유지하는 게 좋습니다.

Q. 손님들이 음식을 많이 남깁니다. 아무래도 저희 집 음식이 맛이 없나봐요. 솔직히 제가 요리를 잘하는 편이 아닙니다. 음식 맛을 개선하기 위해서 무엇을 어떻게 해야 좋을지 모르겠어요.

A. 요리를 잘하는 편이 아니라도 내 매장에서 판매하는 메뉴만큼은 확실하게 맛있게 만들어서 내놓겠다는 마음을 갖고 연구하고 연습하세요. 외식업을 할 때는 '요리를 잘하는 것'도 물론 중요하지만 '내가 판매하는 메뉴만큼은 최고로 잘하는 것'도 중요합니다. 맛을 개선하기 위해 더 많이 노력하셔야 합니다. 손님들이 음식을 많이 남긴다면 남은 음식을 직접 먹어보면서라도 확인하세요. 동일한 레시피를 반복해서 만들다 보면, 종종 간을 보지 않고 그대로 내놓는다거나 계량을 제대로 하지 않고 눈대중으로 대충하게 될 때도 있습니다. 나는 늘 똑같은 요리를 일관된 맛으로 만든다고 생각하지만 손님은 잘못된 결과물을 반드시 알아봅니다. 조리 상태를 언제나 확인하고 연구하세요. 아무리 연구하고 연습해도 원하는 맛이 나오지 않고 만족스럽지 않다면,

내 조리 능력이 한계에 부딪혔다고 생각한다면 잘 만들어진 레시피를 구입하는 것도 방법입니다. 요즘은 무료이거나 저렴한 가격으로 검증된 레시피를 판매하는 인터넷사이트가 많습니다. 내 능력이 닿지 않는다면 어느 정도의 비용을 들이는 것 또한 현명한 투자입니다. 추천하는 무료 레시피 사이트는 오'키친, 만개의레시피, 우리의식탁, 맘플레이 등이 있으며 유료 사이트로는 클래스101의 레시피도 좋습니다.

Q. 저희 가게에는 단골손님이 거의 없습니다. 항상 새로운 사람들이 방문해요. 장사가 안되는 편은 아니지만 언제 손님이 끊길지 몰라 매일 불안합니다. 어떻게 하면 단골손님을 만들 수 있을까요?

A. 단골손님이 거의 없다는 것은 팬이 없다는 뜻입니다. 고객은 언제든 떠날 수 있지만 팬은 언제나 남습니다. 우리 브랜드를 애용하는 것에 그치지 않고 사랑해줄 수 있는 고객, 그런 고객이 존재해야 브랜드의 수명을 오래 유지할 수 있습니다. 한 번 방문한 손님이 다시 방문하려면 반드시 그 고객을 다시 끌어올 만한 요소가 있어야 합니다. 음식의 맛, 가격, 서비스, 인테리어 등 다양한 요소가 있겠지만 무엇보다 중요한 건 고객의 마음을 사로잡는 것입니다. 마음을 얻으려면 먼저 마음을 보여줘야 합니다. 고객의 사소한 부분 하나까지도 기억하고 알아봐주는 세심함, 고객이 자주 주문하는 메뉴를 정성껏 챙겨주는 성의는 돈 들이지 않고도 마음을 얻을 수 있는 비결 중 하나입니다. 저의 경우 손님이 아이와 함께 오면 어머니보다 아이에게 집중합

니다. 세상의 모든 부모는 자신의 자녀가 어디서든 환대받기를 바랍니다. 아이가 카페에서 그림 그리는 모습을 유심히 지켜봤다가 다음에 오면 그 아이만을 위한 크레파스를 하나 준비해두기만 해도 이 고객은 우리 브랜드를 사랑할 수밖에 없습니다.

또 저는 여성 고객들을 위해 화장실에 파우더룸을 설치했고 고데기부터 머리끈, 칫솔, 가그린까지 놓아 손님들의 불편을 최소화하려고 노력했습니다. 브랜딩, 페르소나 이런 단어를 어려워하지 마세요. 그냥 고객과 진심으로 소통하며 관계를 이어나가보세요. 이 과정에서 단골이 생기고, 고객에게 오래 사랑받는 진정한 브랜드가 됩니다.

Q. 가게 앞에 자꾸만 주차를 하는 차주 때문에 매일 싸워요. 주차금지 표지판을 놓아도 귀신같이 치워버리고 차를 댑니다. 주차 차량과의 전쟁, 어떻게 해결해야 할까요?

A. 주차 문제로 갈등을 빚는 대상이 동네 주민이라면 사업주는 이 문제를 아주 조심스럽게 접근해야 합니다. 같은 공간에서 계속 부딪치며 살아야 하는 사람이기 때문에 갈등이 확대되면 영업에도 지장이 생길 수 있습니다. 가장 간단한 방법은 주차금지 표지판을 쉽게 옮기거나 넘어뜨릴 수 없는 무거운 소재로 사용하는 것입니다. 다만 주차금지 표지판이 매장 주변의 미관을 해치지 않아야 하니 브랜드 로고를 활용해 시각적으로도 예쁘게 만드는 것이 좋습니다.

만약 이런 방법도 통하지 않는다면 차주를 직접 만나 대화를 시도

라라브레드의 주차금지 표지판

해보는 것도 좋습니다. 이때 감정적으로 격해지지 않도록 주의하고 자초지종을 이야기하며 낮은 자세로 읍소하는 편이 낫습니다. "제가 전 재산 다 털고 1억 원이나 빚내서 장사하는데 조금만 도와주시면 안 될까요?"라는 식으로요. 간절한 부탁에 마음이 약해지지 않는 사람은 별로 없을 것입니다.

Q. 조리하는 직원이 음식을 잘합니다. 저희 매장의 핵심 인재예요. 그래서 그런지 자주 월급을 올려달라고 요청하고 올려주지 않으면 그만두겠다고 해서 마지못해 요구를 들어주고 있습니다. 코로나 때문에 매출도 떨어졌는데 이 직원이 없으면 장사를 못하니 너무 난감합니다. 어떻게 해결해야 할까요?

A. 오너 셰프가 아닌 자영업자분들이 많이 공감하는 상황일 것입니다. 저 역시 제가 직접 요리하는 사람이 아니기 때문에 주방의 인력관리에 있어 주의를 많이 기울이는 편입니다. 주방 인력은 외식업의 핵심 인력이고 그만큼 들고나는 자리가 사업에 큰 영향을 미치기 때문입니다. 사용자와 고용인의 관계가 갑과 을이라는 권력관계로 이루어지는 것이 바람직한 건 아니지만, 어느 쪽이든 힘의 무게가 한쪽으

로 기우는 것 역시 바람직하지 않습니다. 균형을 유지하기 위해서는 어느 한쪽이 '아쉬운 사람'이 되어서는 안 됩니다. 자신의 존재 자체가 '무기'가 되거나 '위협'이 되어서도 안 됩니다. 누군가의 부재가 사업체 전체를 위험에 빠트린다는 것은 시스템이 잘못 구축되었다는 뜻입니다. 외식업에서 이러한 상황을 방지하기 위해서는 표준 매뉴얼화와 공유가 반드시 이루어져야 합니다. 주방장의 갑작스러운 부재에도 바로 대처할 수 있으려면 사업주를 비롯한 누구라도 표준화된 레시피를 적용해 주방에 투입될 수 있도록 해야 합니다. 이런 체계가 갖춰져야 주방장이 퇴사하고 새로운 인력이 들어와도 동일한 맛과 품질을 유지할 수 있습니다. 특히 사업주는 주방뿐만 아니라 매장의 모든 부분을 파악하고 관리할 수 있어야 합니다. 인력이 들고날 때, 공백이 생겼을 때, 갑작스러운 변수가 생겼을 때 모든 상황에 유연하게 대처할 수 있어야 좋은 경영자가 될 수 있습니다.

또한 음식도 사람이 만들기 때문에 아무리 레시피대로 한다고 해도 손맛이 들어갑니다. 그래서 주방 직원들의 컨디션 관리가 중요합니다. 직원들의 쉬는 공간을 배려하는 것은 센스가 아니라 기본입니다.

Q. 아르바이트생이 자꾸 그만둡니다. 일할 만하다 싶으면 갑자기 그만둬버리고 말없이 안 나오기도 하고 일주일도 안 돼서 그만두겠다고 합니다. 도대체 뭐가 문제일까요?

A. 아르바이트생이 오래 근속하지 못하고 자주 그만둔다는 것은 그

만큼 업무 강도가 세다는 의미입니다. 어리고 사회 경험이 적은 아르바이트생에게는 서비스업이 결코 쉬운 일이 아니라는 걸 우선 인정하셔야 합니다. 만약 특수한 사정이 있는 매장이나 고깃집처럼 업무 강도가 특히 센 업종이라면 보통의 식당이나 카페보다는 시급을 더 주셔야 합니다. 그리고 파트타임 시간을 너무 길게 잡지 않도록 해서 한 사람이 8시간 동안 일하게 하지 말고 두 사람을 4시간씩 나눠서 고용하는 게 좋습니다. 또 갑작스럽게 그만두거나 말없이 안 나오는 일이 생기지 않도록, "만약 사정이 생기거나 고충이 있으면 언제든 편하게 얘기해라" 하고 미리 얘기해두며 일하는 사람을 잘 다독이는 것도 중요합니다. 자영업자는 사람을 귀하게 여길 줄 알아야 합니다.

Q. 일 잘하고 잘 맞는 직원과 오래 같이 일하고 싶습니다. 그런데 사람 뽑는 게 너무 어려워요. 짧은 면접만으로 어떻게 좋은 인재를 알아볼 수 있을까요?

A. 한 사람의 인생을 30분의 면접으로 판단하는 일은 누구에게나 쉬운 일이 아닙니다. 따라서 면접을 볼 때는 나만의 기준을 명확하게 세워두는 것이 중요합니다. 모든 부분을 완벽하게 충족하는 훌륭한 인재를 기대하기보다는, 내가 생각하는 '일 잘하는 사람'의 기준이나 '나와 잘 맞는 사람'의 기준이 있어야 합니다.

저의 경우를 말씀드리자면 저는 앞과 뒤가 같은 사람을 선호합니다. '~하는 척'을 잘하는 사람보다는 사회적 가면이 없어도 언제나 진실한 사람과 일하고 싶습니다. 그래서 종종 면접 장소에 10분 먼저 가서 면접자의 눈에 띄지 않는 곳에서 그들의 말과 행동을 지켜봅니다. 걸음걸이는 어떠한지, 친구와 통화할 때는 어떤 태도로 이야기하는지, 격식을 차리지 않을 때는 어떻게 행동하는지 유심히 관찰합니다. 어떤 사람은 면접에서 누구보다 뛰어난 역량을 보여주지만, 면접이 아닌 시간과 공간에서는 매우 불량한 모습을 보여주곤 하는데 제 기준으로 이런 사람은 같이 일하고 싶은 사람이 아닙니다. 나와 잘 맞는다는 것은 내가 지향하는 비전과 가치관에 부합한다는 것입니다. 그러니 먼저 자신의 비전과 가치관이 무엇인지 한번 돌아보고 명확한 기준을 세워보시기 바랍니다.

경력직의 경우 이전 직장에서의 평가를 알아보는 것도 좋은 방법입니다. 물론 한쪽의 말만 듣고 판단해서는 안 됩니다. 이전 직장에서의 근무 평가와 퇴사 사유 등에 관해 면접자의 목소리도 들어봐야 합니다. 이전 직장에서의 평가가 나쁘다고 여기서도 일을 못하는 건 아닙니다. 적절한 균형을 유지하며 필터링할 줄 알아야 합니다.

이런 과정을 통해 좋은 직원을 뽑았다면 그 직원과 오랫동안 함께 일할 수 있도록 노력해야 합니다. 오래 일하려면 이 회사에 그만한 비전이 있어야 합니다. 작은 규모의 사업체일수록 직원이 미래를 꿈꿀 만한 비전이 없다면 오래 같이 일할 이유도 없습니다. 사업주는 항상 직원의 꿈을 실현해줄 수 있는 큰 그릇을 만들고 키워나가야 합니다.

감사의 말

나는 혈우병이라는 완치 불가능한 장애를 앓고 있어 20살 때까지만 사는 게 소원이었다. 실제로 어린 시절 의사 선생님께도 혈우병 환자들은 오래 살지 못한다는 말을 들어왔다. 그 순간 곁에서 손수건으로 눈물을 훔치시던 어머니께 감사하다는 말을 태어나 처음으로 전하고 싶다. 피가 멈추질 않아 어머니께 초등학교 3학년 때까지 업혀다녔다. 나는 혈우병으로 태어나길 정말 잘했다. 오히려 어중간하게 태어났으면 정말 어중간한 인생을 살았을 것 같다. 18살에 집을 나섰을 때, 병이 있고 가난하게 태어난 게 하늘의 뜻이라고 받아들였다. 인생은 딱 한 번뿐이다. 그래서 더 많은 일을 멋지게 하며 살고 싶다.

주위에도 감사한 분들이 참 많다. 우선 내 친구인 송진석 사장에게 고맙다. 17살에 우연히 신호등 중간에서 만나 지금까지 곁에서 함께해주고 있다. 이 친구가 없었으면 지금의 나는 없었다. 무엇을 다 줘도 아깝지 않을 만큼 나에겐 너무나 소중하다. 송승한 대표도 친구 같은 존재다. 종종 산책을 하며 사업 얘기를 하는데 5시간 동안 대화를 나눠도 지치지 않는다. 그 속에서 서로 인사이트를 얻는 시간이 내 성장과 성공에 좋은 영향을 미쳤다. 책 속에 진정 성공의 길이 있다고

286

믿게 해주신 박용후 이사님께도 감사드린다. 방송에서 이분 덕분에 100억 원 매출을 올렸다고 자랑하고 다닐 정도로 존경한다.

첫 창업 후 쫄딱 망하고 나서 장사밖에 모르고 엑셀도 할 줄 몰랐던 나를 병원 원무과장으로 발탁해준 이상영 원장님에게도 감사하다고 전하고 싶다. 당시 병원을 운영해본 경험이 이후 마케팅 회사를 차릴 수 있었던 초석이 되었다. 또 '강호동은 크게 될 거다'라는 어느 스님의 사주 하나를 믿으시고 모든 매장의 운영을 경험하게 해주신 이세상 사장님께도 감사드린다. "남의 것을 내 것처럼 잘해야 네 것을 하더라도 성공 습관이 배어 잘될 수 있다"라는 가르침이 잊히질 않는다.

마케팅 회사가 잘되기까지 아내의 내조가 컸다. 임신한 몸으로 전라남도에서 강원도까지 5시간 동안 차를 타고 가는 길에 입덧으로 고생하며 일을 했던 아내에게 가장 미안하고 고맙다는 말을 전하고 싶다. 또 그 곁에서 함께하던 동명이, 인옥이, 세희, 승현 팀장들에게도 감사의 말을 전한다. 마케팅 회사를 미숙하게 운영하는데도 형을 믿고 더 급여가 많은 회사를 그만두고 10년 동안 한결같이 운영해주고 있는 장범준 본부장에게도 진심으로 감사하다는 말을 하고 싶다.

라라브레드는 이분들이 함께하지 못했다면 진작에 없어졌을지도 모른다. 서울에 올 수 있게 기회를 준 진리 사장님에게 고마움이 크다. 또 우리를 믿고 흔쾌히 올라와준 이넘 이사와 오주미 부장에게도 감사하며 늘 미안한 마음을 가지고 있다. 코로나19라는 전쟁 속에 라라브레드와 함께해준 모진영, 박창규 이사에게도 감사드린다. 함께 성장하자는 약속을 꼭 지키고 싶다. 나를 건물주로 만들어주고 건축 시공까지 꿈을 현실화해준 김종민 친구에게 고맙다는 속마음을 처음으로 전한다. 밖에 나가서 본인 사업을 하면서도 아직도 회사를 챙겨주는 박상현 차장에게도 고맙다는 이야기를 하고 싶다. 지금 대한민국 베이커리 카페를 만들기 위해 노력 중인 원하영 차장, 유학현 과장, 황현지, 황현욱, 혜민, 보현, 은진 팀장, 조카 우민이 그리고 어수선했지만 끝까지 믿고 함께해주고 있는 레드 아일랜드의 라이언, 안서준 TF팀들에게도 고마움을 전한다. 또 땀 흘려가며 나를 믿고 일해주는 안형준 감독, 이창헌 이사에게 고맙다. 늘 어떻게 하면 돈을 더 아끼고 벌 수 있을까를 궁리해주는 회계팀 서주경 부장과 도이 팀장에게도 눈물 나게 감사한 마음을 전하고 싶다. 결국 내가 100명의 팀원들과 함께 100억 원의 매출을 올리고 100억 원의 자산가가 될 수 있었던 건 순전히 이분들 덕분이다. 이외에도 장사 권프로 권정훈 님과 부읽남 정태익 님, 김경석, 박종훈 님께도 감사를 전한다.

이 책까지 쓸 수 있었던 건 정말 부족한 나를 응원해주고 사랑해주는 애정님들이 존재했기 때문이다. 덕분에 창업오빠가 탄생할 수 있었다. 결국 내가 해야 할 사명은 '창업가들과 함께 성장하며 창업가들이 꿈을 이룰 수 있도록 돕는 것'이라는 초심을 잃지 않겠다. 끝으로 내 아들 강특별한에게는 학교의 시험 성적보다 다양한 경험을 하고 일을 통해 깨달음을 얻으며 성장해주기를, 시대가 변하더라도 꼭 책을 곁에 두고 스승들에게 묻고 대화하며 배우기를 바란다고 전한다.